AF545895

Karin Oechslein

Ruth

Karin Oechslein

Ruth

Als Krankenschwester
im brennenden Dresden

rosenheimer

www.rosenheimer.com

Titelfoto und Fotos innen: © Privatarchiv Familie Oechslein
Lektorat: Christine Rechberger, Rimsting
Satz: Carmen Oberlechner, Rosenheim
Druck und Bindung: GGP Media GmbH, Pößneck
Printed in Germany

ISBN 978-3-475-54930-4

Inhalt

Vorwort

64 Jahre lang waren wir zusammen – meine Mutter und ich. Wir standen einander sehr nah, als Frauen, die sich im Leben behaupten mussten. Als meine Mutter neunzig Jahre alt wurde, schenkte ich ihr zum Geburtstag ihre Memoiren in gebundener Form. Sie hatte zusammen mit ihrem Mann ihr Leben aufgeschrieben, in der Absicht, ihren Kindern und Enkelkindern ein Zeugnis zu hinterlassen, was wohl – so dachten wir damals – einmalig war: die Kriegserlebnisse im Zweiten Weltkrieg. Heute ist die Angst vor einem Dritten Weltkrieg aktueller denn je. Am 24. Februar 2022 sind die Russen in der Ukraine einmarschiert.

»Der Russe kommt …«, »Die Angst vor dem Russen …« – diese Worte hatten sich meinen Eltern in die Seele eingebrannt. Warum – das erfahren Sie durch die folgenden Schilderungen.

Ich habe versucht, das Leben meiner Mutter nachzuzeichnen, vor allem ihre schrecklichen Erfahrungen, die sie im brennenden Dresden machen musste. Als angehende Ärztin war sie gefordert, zu helfen, und es ist mir immer ein Rätsel geblieben, wie sie es geschafft hat, alles zu verarbeiten. Aber sie hat mit mir darüber geredet, vor allem während der Zeit, als mein Vater bereits verstorben war und wir viele schöne Abende bei einem Gläschen Rotwein im Appartement ihres Wohnstifts verbracht haben. Manchmal hat sie die Schilderung ihrer Erinnerungen abgebrochen, zu schlimm hatte sie die damaligen Momente vor Augen.

Doch zunächst fing alles gut an … Ruth erzählt Ihnen nun selbst ihre Geschichte. Vielleicht erinnern Sie manche Begebenheiten an Ihre eigene Familie und Sie bekommen eine neue Perspektive und Sicht auf verschiedene Dinge.

Meine geliebte Heimat Sachsen

Ich wurde als Ruth Meister am 6. April 1923 in Freiberg in Sachsen geboren. Mein Lebensweg begann mit einer Geschichte, die zum Schmunzeln war und damit meinen Eintritt in diese Welt auf liebenswerte Weise begleitete.

Meine Eltern wohnten damals in Freiberg im Erzgebirge. Mein Vater war als Assistent am Braunkohleforschungsinstitut tätig und hatte nach der Heirat mit meiner Mutter seine erste Wohnung am Stadtwall von Freiberg bezogen.

Die Großeltern mütterlicherseits wohnten in Pirna im alten Zollamt und hatten mit meinen Eltern vereinbart, dass meine Mutter zur Entbindung dorthin kommen sollte. Insgeheim wollte sie viel lieber bei ihrem Mann bleiben und deshalb wollte auch ich nicht »verreisen«.

Die Wehen begannen also über drei Wochen früher als erwartet, und in Freiberg war nichts zu meinem Empfang vorbereitet. In seiner Not benachrichtigte mein Vater eine liebe Freundin der Familie und bat um Hilfe.

»Kannst du schnell kommen, es geht los«, sagte er zu ihr.

»Klar, ich lass euch doch nicht im Stich.« Da diese hilfsbereite Bekannte bereits mehrere Kinder großgezogen hatte, packte sie kurzentschlossen Windeln,

Jäckchen und Strampelhöschen ein und begab sich morgens um 5 Uhr im April, also noch zu nächtlicher Stunde, entlang dem Wall zur Wohnung meiner Eltern.

Sie hatte jedoch nicht mit dem städtischen Polizeiorgan, das den Nachtwächterdienst verrichtete, gerechnet. Ein kleiner stämmiger Polizist versperrte ihr den Weg.

»Wo wollen Sie zu nächtlicher Stunde hin, was haben Sie vor?« Als sie nicht gleich antwortete, fing er an zu schimpfen: »Das hat man gern, so ein nächtliches Diebesgesindel!« Nach längerer Erklärung, wieso und warum sie zu nächtlicher Stunde zu einer Freundin unterwegs war, ließ er sie Gott sei Dank doch weitergehen. Beinahe hätte er verhindert, dass ich zu Windel und Hose kam.

Somit erblickte ich also bereits mit einem Lachen meiner Umgebung ob dieses Tatbestandes das Licht der Welt. Und in lustiger Stimmung ging es weiter. Die Großeltern mütterlicherseits kamen sofort per Eisenbahn angereist – von Pirna über Dresden bis Freiberg eine langwierige Reise. Mein Vater holte sie am Bahnhof ab, wo er von der Großmutter beim Aussteigen aus dem Zug mit dem lauthallenden Ruf über zwei Bahnsteige hinweg begrüßt wurde.

»Ist es schon da?« So wusste jeder, was sich bei den Meisters getan hatte.

Mein Vater bekam vor Verlegenheit einen roten Kopf und sagte nichts. Vielleicht hat dieser positive Beginn mein Leben von Anfang an geprägt und mich so optimistisch werden lassen – vielleicht waren es aber auch gute Gene …

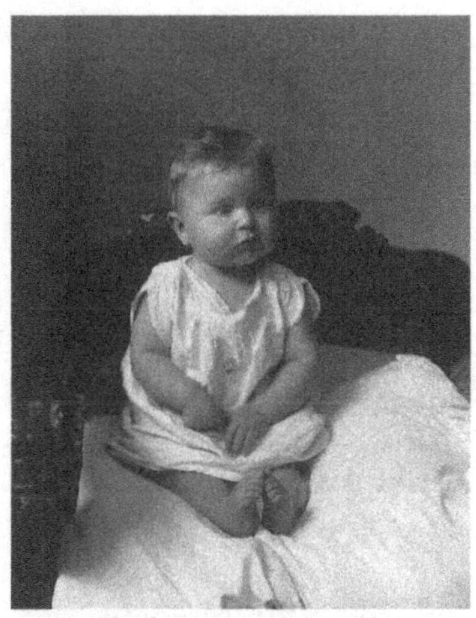

Ich als »strammes« Baby

Ich bekam den schönen Namen Ruth Camilla Meister, wurde aber häufig – vor allem von meinem späteren Mann und seinem Vater – Ruthl genannt. Camilla war der Name meiner Mutter.

Mit den heutigen Diät- und Schlankheitsvorgaben im Kopf, werde ich beim Anblick meiner Geburtsanzeige fast rot im Gesicht, denn da wurde von einem »strammen Mädel« gesprochen, was angesichts meines Körpergewichts nicht von der Hand zu weisen war. Meiner Mutter hätte man mich gar nicht zugetraut, denn sie war bei ihrer Hochzeit von einer ausgesprochenen Zartheit, geradezu dürr, was sich aber mit meinem Dasein glücklicherweise trotz der Inflation und der Hungerrationen allmählich gab.

Das Elternhaus meiner Mutter stand, wie gesagt, in Pirna, und ich habe eigentlich an diese Großeltern wenig Erinnerung, da sie beide schon sehr früh starben, als ich gerade vier Jahre alt war. Das einzige, was ich noch weiß, ist ein dunkles Treppenhaus mit einer Wohnungstür, die in einen langen Gang mündete, an dessen Ende eine stattliche Dame an einem Nähtischchen saß.

»Komm her, du bist mir ein liebes Enkelkind«, sagte sie und drückte mich zärtlich an sich. Das Nähtischchen habe ich später in meinem Elternhaus noch immer in Gebrauch gesehen. Erst im Nachhinein wurde mir erklärt, dass dieses alte Haus das Zollamt in Pirna war, und dass mein Opa das gesamte Zollgebiet von Pirna entlang dem Erzgebirge verwaltet hatte.

Die Großmutter stammte aus der Nähe von Chemnitz, aus einer Mühle in Härtensdorf. Sie war eine sehr gebildete Frau, die meiner Mutter viel Wissen vermittelte. Sie war auch eine begeisterte Besucherin des Theaters und der Oper, sowohl in Chemnitz wie auch in Dresden, wo sich folgende lustige Anekdote abspielte:

Einer Nachbarin wollte sie eine besondere Freude machen und lud diese zu einem ersten Opernbesuch ein. Damals war ein solcher Besuch ein tagesfüllendes Erlebnis, wozu man auch die entsprechenden Verpflegungsmöglichkeiten ins Auge fassen musste. Die Nachbarin baute also im zweiten Rang auf der Ablage vor den Stuhlreihen ihre Brotzeit in Gestalt eines schweinernen »Presskopfes« vor sich auf. Sie war aber so in die Musik vertieft, dass sie nicht aufpasste. Plötzlich stieß sie an das Wurstpaket und es fiel hinunter auf die Leute im Parterre. Plumps!, machte es, und das Entsetzen war groß.

»Nu, so ein Pech aber auch«, rief sie im breitesten Sächsisch aus. Ihr entsetzter Aufschrei »Mein Breschkopp!« klang ausgerechnet in eine Pianostelle des Orchesters hinein, es war einfach nur peinlich, und meine Großmutter verzichtete von diesem Abend an darauf, nochmals Nachbarn einzuladen.

Erst viel später habe ich erfahren, dass diese Großeltern gar nicht meine leiblichen Großeltern waren, sondern dass meine Mutter Camilla von ihnen adoptiert worden war. Ihre leibliche Mutter war bei ihrer Geburt gestorben, und der eigentliche Vater saß mit der Neugeborenen und einem eineinhalbjährigen Sohn allein da. Der Bruder der verstorbenen Mutter von Camilla war kinderlos verheiratet und bot dem Schwager sofort an, das Baby zu übernehmen.

»Ich würde ja beide Kinder adoptieren. Du weißt, ich hätte gerne welche gehabt, aber es war mir nicht vergönnt«, meinte er zu seinem Schwager.

»Nein«, erwiderte dieser, »das Mädel, ja, das kannste nehmen, aber der Junge bleibt bei mir.«

Also blieb der Sohn beim Vater von Camilla, aber das Mädel, meine Mutter, wurde dem Schwager übergeben. So kam es, dass meine Mutter, eine geborene »Wünsche«, adoptierte »Bahner«, wurde, während ihr Bruder – später mein geliebter Onkel Walter – weiter den Namen »Wünsche« trug. Er hatte es viel schwerer als seine Schwester, da der Vater nochmals heiratete und dann Stiefgeschwister existierten.

Aus Onkel Walter ist ein bekannter Konditor in Halle geworden, es war immer eine Freude, die wenigen Stufen hinauf zu seinem Laden zu gehen und etwas zum Probieren zu bekommen. Mit seinem Sohn hatte ich viel Kontakt.

Meine Mutter Camilla wuchs dagegen in relativem Luxus auf – wie das Schicksal so spielt. Doch sie fand nichts Positives daran, sondern litt unter der Adoption, weil es nicht ihre eigenen Eltern waren. Damals galt es als Schande, adoptiert zu sein, und die Sittenmoral drückte auch mich, war ich doch die Tochter von »so einer«. Dass auch ich mich einmal den sittlichen Gegebenheiten beugen und aus Scham meinen Kindern erst spät etwas Wichtiges erzählen würde, ahnte ich damals nicht.

Die kleine Camilla wuchs also in Pirna an der Elbe auf, ging dort zur Schule und danach in Hannoversch-Münden als wohlerzogene Tochter ins Pensionat, alles, um auf eine spätere Ehe vorbereitet zu werden. Wie kam jetzt also meine Mutter in Kontakt zu meinem Vater?

Die Verbindung zwischen der Familie meiner Großeltern mütterlicherseits mit den Großeltern väterlicherseits kam auf zweierlei Weise zustande. Einmal standen beide Großväter im Dienst des sächsischen Königs – der eine im Zollwesen, der andere im Postdienst – und zum zweiten waren beide Großväter Angehörige der Loge zum goldenen Apfel und zwar als »Meister vom Stuhl« und damit lernten sie sich kennen.

Zum geschichtlichen Hintergrund: Die Loge zum goldenen Apfel wurde im Jahre 1776 von Johann Samuel Petermann in Wildenfels gegründet, zog aber bereits 1781 nach Dresden um. 1818 entschlossen sich die Brüder Freimaurer, das Dresdner

Blindeninstitut zu unterstützen, was sie mehrere Jahre weiterführten. Außerdem setzten sie sich für die Förderung des Schulunterrichts armer Kinder ein, dafür wurde eine private Schulanstalt gegründet. Als »Meister vom Stuhl« oder »Logen-Meister« bezeichnet man den Vorsitzenden der Freimaurerloge. Die Freimaurerei, auch königliche Kunst genannt, versteht sich als ein ethischer Bund freier Menschen mit der gemeinsamen Überzeugung, dass die ständige Arbeit an sich selbst zu Selbsterkenntnis und einem menschlicheren Verhalten führt.

Mein Großvater väterlicherseits stammte aus Lommatsch in Sachsen, aus der Familie eines Schuhmachermeisters. Da er aber zu diesem Handwerk keine Lust hatte, sondern nach einer Tätigkeit im Beamtenwesen strebte, ging er in den königlichen Postdienst in Dresden und wurde Briefträger.

Aufgrund seines stattlichen und guten Aussehens, fiel er natürlich den Mädchen auf, vor allem in dem von ihm belieferten Dresdner Wohnviertel »Weißer Hirsch«. Dieses Viertel galt als besonders vornehm und zugleich als Ausflugsort. Ja, es wurde fast als Kurort von europäischem Rang gehandelt, mit Privatsanatorien, die von Ärzten und Naturheilkundlern geführt wurden. Nach und nach wurde der »Weiße Hirsch« eine gehobene Wohngegend und ein bevorzugter Wohnort von Wissenschaftlern, Künstlern, Fakrikanten und hohen Beamten. Dort lebte meine Großmutter väterlicherseits, Louise Much, als Tochter eines reichen Fabrikanten, der seine Tochter auch entsprechend verheiraten wollte.

Die rührende Liebesgeschichte meiner beiden Großeltern väterlicherseits ist innerhalb der gesamten Familie stets wieder erzählt worden, denn Louise verliebte sich also in den Postmann Max Meister und wollte ihn unbedingt heiraten. Sie waren sich so einig.

»Du bist mein Ein und Alles«, flüsterte er ihr zu, und sie erwiderte: »Egal, was kommt, wir gehören zusammen.«

»Den heiratest du nicht«, schrie ihr Vater, »das ist nicht deine Kragenweite.«

Und die Mutter ergänzte: »Schlag ihn dir aus dem Kopf, es gibt doch den Friedemann, den Sohn des Apothekers, mit einem hübschen Vermögen im Hintergrund.« Damit waren aber die Eltern meines Vatis nicht einverstanden. Nichtsdestotrotz gingen die beiden Verliebten ihren Weg.

Eines Tages – ganz heimlich und gut vorbereitet – stand Louise auf, packte ihren kleinen Bären in die Tasche und rief ihrer Mutter zu:

»Du, Mama, ich treffe jetzt die Constanze im Park, wir wollen etwas spazieren gehen. Ich werde pünktlich zum Abendbrot um 19 Uhr zurück sein.« Es war aber nicht Constanze, die im Park wartete, sondern Max. Er hatte bei einem Freund ein kleines Nebenzimmer ergattert, in das er seine Louise führte und das rund vierzig Minuten vom »Weißen Hirsch« entfernt lag.

Die Aufregung war groß, als Louise am Abend nicht heimkam. Die Eltern waren außer sich vor Sorge, fragten überall herum, wo denn ihre Tochter sein könnte. So eine leise Ahnung hatten sie ja.

»Seid vernünftig«, sagte ein Freund zu ihnen. »Ihr bringt die zwei nicht mehr auseinander. Je mehr ihr euch sperrt, desto enger wird das Verhältnis. Lasst sie zusammen sein, dann werden sie sehen, dass es nicht klappt.«

Aber – weit gefehlt. Die zwei ergänzten sich großartig, sodass sie heirateten. Bei der Hochzeit waren aber nur die Eltern von Max anwesend, zu stur war der Vater der Braut, er war nicht umzustimmen. Nun war es also so weit gekommen, dass die beiden miteinander durchgebrannt waren, von Louises Eltern verstoßen wurden und trotzdem geheiratet haben.

Ich fand diese Geschichte beeindruckend und bewunderte den Mut der beiden – eigentlich waren sie so etwas wie Idole für mich. Immer wieder bat ich meine Mutter, mir diese Geschichte zu erzählen.

Damals versprach mein Großvater Max, dass er alles tun würde, um Louise wieder einen passenden Lebensrahmen zu schaffen. Das hat er auch gehalten und ist durch seinen Fleiß und seine Lernbereitschaft zunächst zum Post-Innenbeamten, dann zum Postdirektor und schließlich zum Postrat und Leiter des königlich-sächsischen Postamtes Dresden aufgestiegen. Allerdings war zunächst davon keine Rede, und die beiden mussten nach ihrer Heirat jeden Pfennig zwei- und dreimal umdrehen, zumal bald nach der Hochzeit mein Vater als erstes von vier Kindern erschien.

Viel später haben wir unsere Großmutter um ihre Haushaltsführung beneidet, wie sie es fertiggebracht hat, mit dem kleinen Gehalt eines Briefträgers zwei

Erwachsene und vier Kinder sattzukriegen und ihnen mit meinem Großvater höhere Schulen und meinem Vater ein Studium zu ermöglichen. Ihren Satz »Jeder Pfenning ist dreimal so viel wert, du musst nur wissen, wie du das machst«, habe ich mir gut gemerkt und in schweren Zeiten angewendet.

Doch dann geschah das Entsetzliche: Es brach der Erste Weltkrieg aus und die Schrecken eines Krieges verfolgten die Menschen. Glücklicherweise waren meine beiden Großväter als Beamte vom Kriegsdienst im Ersten Weltkrieg befreit, zumal beide schon über vierzig Jahre alt waren. Wie sehr der sächsische König besonders vor dem Ersten Weltkrieg seine Hand über seine Beamten hielt, zeigt ein amüsanter Zwischenfall:

Im Winter ging man damals in den Dresdner Großen Garten mit seinen Teichen zum Schlittschuhlaufen, der König, der Hof und natürlich die Beamten mit Familien. Also auch mein Großvater mit seinen Kindern.

Als der König in seine Nähe kam, verbeugte sich mein Großvater tief, verlor dabei das Gleichgewicht und plumpste auf seinen Allerwertesten, worauf der König lachend sagte: »Aber, meen Gudster, doch nicht gleich so diief!« Und er half ihm freundlich beim Wiederhochkommen. Dabei muss gesagt werden, dass auch der König von Sachsen ein »astreines Sächsisch« sprach.

Was das Sächsisch anbelangte, so waren wir in meiner Familie nicht gerade stolz auf diesen Dialekt. Bedeutete es doch, die Mundwinkel hängen zu lassen und etwas zu nuscheln. So versuchten wir später, uns einen anderen Dialekt anzueignen, wie etwa das Schwäbische. Waren wir später nicht mehr stolz auf unsere Heimat?

Mein Vater Gerhard Meister dagegen hatte sich freiwillig zum Wehrdienst gemeldet.

»Muss das sein?«, fragte seine Mutter Louise ihn und weinte.

Und sein Vater klopfte ihm auf die Schulter und meinte: »Wenn du glaubst, du müsstest gehen, dann geh ...« Aber auch er kämpfte mit den Tränen.

So zog mein Vater als Freiwilliger in den Ersten Weltkrieg und kam nach Frankreich. Gott sei Dank dauerte der Krieg ab diesem Zeitpunkt nur noch zwei Jahre und mein Vater kam ohne Blessuren zurück. Alle waren erleichtert und feierten gemeinsam – die Familie der Großväter mütterlicher- und väterlicherseits.

Und dann beschlossen die Väter, wie dies früher üblich war, ihre beiden Kinder – also meine Eltern – zu verheiraten, was dann auch im Jahre 1922 geschah. Es war also eine arrangierte Ehe, aber keine Zwangsheirat.

Gerhard Meister und Camilla Bahner – keiner erzählte von ihrer Adoption und ihrer Herkunft – sahen sich und fanden sich angenehm. Keiner der beiden sah einen Grund, zu widersprechen.

»Sie ist hübsch und wird mir eine gute Frau sein«, meinte mein Vater. Und sie fand den schmucken Offizier sehr attraktiv und konnte sich ebenfalls ein Leben mit ihm vorstellen. Mein Vater hatte zu diesem Zeitpunkt gerade sein Maschinenbaustudium als Diplom-Ingenieur in Dresden abgeschlossen

Meine Eltern Camilla und Gerhard Meister

und trat seine erste Stellung in Freiberg an. Es passte also alles wunderbar, ob es die große Liebe war, sei dahingestellt.

Unsere Freiberger Wohnung am Stadtwall und das kurz nach meiner Geburt bezogene Haus in der Nähe der Bergakademie sind mir nicht mehr in Erinnerung, zumal wir 1926 in eine werkeigene Wohnung nach Kötzschenbroda umzogen. Mein Vater Gerhard Meister hatte nämlich nach seiner Assistententätigkeit in Freiberg eine Stellung als Techniker in den Kötitzer Ledertuch- und Wachstuchwerken in Coswig erhalten, wo er bis Ende des Zweiten Weltkrieges tätig war und es bis zum technischen Direktor brachte. Ich war immer stolz auf das, was mein Vater erreicht hatte.

Unbeschwerte Jugend mit düsteren Vorzeichen

Dort in Kötzschenbroda habe ich dann meine Jugend verbracht, zusammen mit unserem Schäferhund Rolf, den wir von Freiberg mitgebracht hatten und der genauso alt war wie ich. Da er anfangs noch nicht richtig laufen konnte, als er zu uns kam, legte man ihn beim Spazierengehen unter meinen Kinderwagen, und so wurde er *mein* Hund, den ich dann auch in der Meißner Straße, wo wir einen großen Hundezwinger hatten, betreute. Er ist schließlich 12 Jahre alt geworden. Als er starb, war ich sehr traurig.

»Wenn ich eine eigene Familie habe, werde ich auch Schäferhunde haben«, beschloss ich damals. So ist es dann wirklich gekommen, wir hatten später den Schäferhund Wasso und danach Schäferhund-Zwillinge – Quax und Quox vom Deistertal.

1927 wurde mein Bruder in der Meißner Straße geboren, der meinen Eltern durch ernsthafte Erkrankungen in seinen ersten Lebensjahren viel Sorge bereitete und entsprechend als »Männlein«, »Hansemann« und generell als Sohn der Familie ein bevorzugtes Dasein genoss.

»Männlein, geht es dir gut?«, fragte meine Mutter andauernd, und ich gebe zu, dass mich das doch manchmal genervt hat.

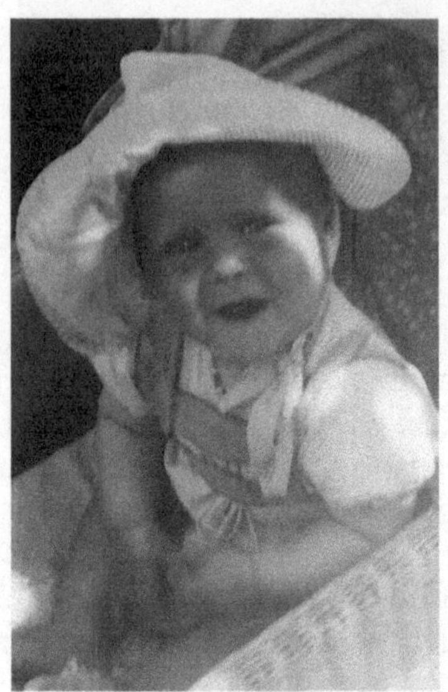

Mein Bruder Hans, das »Männlein«

»Immer hat man Nachsehen mit ihm, er darf viel mehr als ich«, maulte ich vor mich hin.

Allerdings wurden wir beide von den Eltern verwöhnt, genossen innerhalb unseres großen Gartens viele Freiheiten, nannten Planschbecken, Turngerüste, »Holländer« und sogar ein Tretauto unser eigen. Dies war in einer Zeit, die sich nach der Inflation und der Einführung der Rentenmark erst langsam wieder erholte, etwas Besonderes.

Ein »Holländer« war ein bis in die Fünfzigerjahre weit verbreitetes muskelkraftbetriebenes Fahrzeug für Kinder, das mit den Füßen an der Vorderachse gelenkt wurde und drei oder vier Räder besaß. Später wurde es von Tretautos verdrängt, erlebt heute aber wieder eine bescheidene Auferstehung.

Die Besuche bei den Meister-Großeltern in Dresden waren immer etwas Besonderes. Einmal fuhren wir mit der Straßenbahn dorthin, über eine halbe Stunde durch Radebeul, Mickten, Trachau und Neustadt bis in die Pirnaer Straße.

»Dauert das lang? Wann sind wir endlich da?«, maulte mein Bruder. Dann hatten wir es geschafft. Die Großeltern hatten eine Wohnung im ersten Stock eines alten Patrizierhauses. Von einem langen schmalen Gang gingen die einzelnen Zimmer ab. Vorne zur Straße hin war auf der einen Seite das Wohnzimmer, auf der anderen das nur zu Festzeiten benutzte Esszimmer, alle mit hohen schmalen Fenstern und entsprechenden Bordüren. Nach hinten hinaus lagen die Schlafzimmer sowie die Küche mit einem kleinen eisernen Balkon und der sogenannten Mädchenkammer, die Grete, die Haushilfe der Großmutter, in den Jahren nach 1928 bewohnte.

Wir mochten die Küche besonders, gab es doch da immer etwas für uns Kinder zu naschen, mal getrocknete Apfelscheiben im Sommer oder Kekse im Winter. Meist waren nicht nur wir sonntags dort, sondern auch die Familie von Herbert. Der Bruder meines Vaters hatte nahezu zur gleichen Zeit wie meine Eltern geheiratet und sie hatten eine Tochter, meine Cousine Edith. Sie trug lange blonde Zöpfe, während meine Haare stets zu einem »Bubikopf« geschnitten waren.

»Der passt auch viel besser zu mir«, war ich damals überzeugt, »denn ich bin und werde beileibe nicht so brav und ruhig wie sie.« Und so kam es auch, mein weiteres Leben sollte es zeigen. Aber wir

Ich mit dem »Bubikopf«

haben uns gut verstanden, sie hat meist gemacht, was ich wollte, während mein Bruder seiner eigenen Wege ging.

1929 fing für mich die Schule an, auf die ich mich freute. Die Hauptschule von Kötzschenbroda lag auf der anderen Seite der Eisenbahn, die an unserem Garten vorbeiführte. Jeder Besucher, der bei uns übernachtete, glaubte zunächst, hier niemals schlafen zu können. Aber nach zwei bis drei Tagen hatte sich jeder daran gewöhnt. Ich höre es noch heute, das Geräusch der vorbeifahrenden Züge: Ratata, ratata ... Ein Geräusch, das bezeichnend werden würde für den Krieg und seine fatalen Folgen ...

Die Hauptschulzeit begann genau in den Monaten, in denen die ersten Straßenkämpfe zwischen Sozialisten, Kommunisten, Stahlhelm-Anhängern und den frühen Sympathisanten der Nationalsozialisten einsetzten. Ich kann mich noch erinnern, dass wir in den Sommermonaten 1929 und 1930 oftmals von Polizisten über die Gleise in die Schule gebracht wurden, da ein normaler Schulweg auf den Straßen für die Kinder zu gefährlich war. Ich hatte dabei immer ein komisches Gefühl im Magen und spürte Angst in mir hochkriechen.

Als ich das meiner Mutter erzählte, meinte sie nur: »Ach was, das bildest du dir ein, alles ist in Ordnung, du brauchst dich nicht zu fürchten.«

Etwas später wurden die Straßen wieder sicherer. Größere Ereignisse während meiner Schulzeit sind mir nicht im Gedächtnis geblieben, lediglich die Tatsache der Berufung eines gewissen Lehrers Nitsch. Er war in die Armee abgeordnet worden, etwas, wovon ich noch nie gehört hatte. Und wieder stellte sich dieses bange Gefühl ein, dass etwas bevorstand, etwas, dem man nicht ausweichen konnte.

Interessanterweise habe ich die Töchter des Lehrers später wieder getroffen. Sie erzählten, dass es der Familie gut gehe, auch dem Vater. Und dann begegneten wir uns nochmals viele Jahre danach durch Freunde von uns in Kelkheim, deren Nachbarn sie waren. Der Krieg hatte ihnen mittlerweile ihren Vater genommen.

1933 wurde ich in das Luisenstift umgeschult, ein evangelisch geführtes Mädchen-Gymnasium mit Internat, das aber auch ortsansässige Schülerinnen aufnahm. Zum Eintritt war das Ablegen einer relativ strengen schriftlichen Prüfung erforderlich, die mir allerdings keine Schwierigkeiten bereitete, während meine Cousine Edith leider die Aufnahme verpasste.

Ich vergesse nie den Augenblick, als meine Mutter zu mir sagte:

»Sie hat es jetzt besonders schwer, sie hat letzte Woche ihre Mutter verloren. Du musst zu ihr besonders nett sein, Ruthl.« Großes Mitleid mit ihrem Schicksal erfasste mich, denn Ediths Mutter war an Tuberkulose gestorben. Von Tuberkulose hatte ich bislang noch nie gehört, jetzt stand ein Begriff im Raum, der uns immer wieder begegnen sollte.

»Mal sehen, wie es mit der Edith weitergeht«, sagte ich zu meinen Eltern.

Es dauerte nicht lange und Ediths Vater verheiratete sich wieder. Mit einer Wienerin, zu der Edith ein gutes Verhältnis entwickelte. Nur ein Problem quälte sie:

»Ich versteh sie nicht, sie spricht so ein komisches Deutsch.« Und dann erstrahlte ihr Gesicht: »Aber stell dir vor, ich bekomme ein Brüderchen.«

Aus dieser Ehe stammte dann mein Vetter Herbert. Wir hatten viel Spaß mit ihm. Immer wenn er etwas in den Händchen hielt, ließ er es fallen und rief entzückt: »Bamm.« Und dann wieder: »Bamm!« Kein Wunder, dass er den Spitznamen »Bamm« bekam, weil er alles nach unten beförderte.

Im gleichen Jahr wurde mein Großvater in Dresden pensioniert. Er gab die Dresdner Wohnung auf und zog mit meiner Großmutter nach Kötzschenbroda in die Winzer Straße, ebenfalls in ein Haus mit Garten, das zur Freude von uns Kindern einen Teich mit Brücke und ein dunkles Tannendickicht hatte. Dort konnte man wunderbar Verstecken spielen. Wir rannten durch den Garten, genossen die Bewegung und waren einfach nur glücklich. Dorthin zog dann auch mein Onkel Herbert mit seiner Frau Marie, der Edith und dem kleinen Herbert.

Mein Großvater aber liebte unser Haus in der Meißner Straße mehr und besuchte uns sehr häufig, meist abends, wenn mein Vater aus der Kötitzer Ledertuch-Fabrik nach Hause kam, allerdings nicht immer zur ungeteilten Freude meiner Mutter.

»Jetzt kommt er schon wieder«, maulte sie. »Genügt es nicht, wenn er einmal die Woche kommt?« Da ließ mein Vater aber nicht mir sich reden.

«Wenn er kommen mag, dann kommt er«, sagte er, und damit war das Thema erledigt. Meine Mutter fügte sich, wie es früher üblich war.

Die Schulzeit im Luisenstift machte mir keine Schwierigkeiten. Nachdem wir immer unseren Leistungen entsprechend im Klassenraum platziert wurden, hatte ich stets einen der ersten drei Plätze inne. Ich höre nur manchmal noch die Stimme meines Vaters, wenn ich statt einer Eins, eine Zwei heimgebracht hatte: »Warum nicht eine Eins, Ruth?«

Ja, zur Höchstleistung angespornt und motiviert, das Beste abzuliefern, das hat meinen Perfektionismus wachsen lassen. Aber dennoch: Getadelt wurde ich eigentlich wenig.

Besonders in Erinnerung geblieben ist mir noch meine Konfirmation, gemeinsam mit sieben anderen aus meiner Klasse, in der Stiftskapelle des Luisenstiftes. Ganz in weiß waren wir – im Gegensatz zu der Konfirmation in der Stadtkirche.

Vorgenommen wurde die Konfirmation durch unseren Rektor Bischoff, der gleichzeitig die Berechtigung für seelsorgerische Tätigkeiten innehatte, in Gegenwart der Internatsleiterin, Oberin von Löwenstein. Eine gestrenge Person, die uns immer mit hochgezogenen Augenbrauen musterte, sodass wir froh waren, alles fehlerfrei beantwortet und durchgeführt zu haben. Beide kamen leider in den Wirren des Zweiten Weltkrieges ums Leben.

Feierlich war sie, die Konfirmation – ich schritt in meinem weißen Kleid zum Altar, war sehr aufgeregt und konnte meinen Konfirmationsspruch Gott sei Dank ohne Probleme aufsagen.

Das Jahr 1937 brachte für unsere Familie weitere, zum Teil schmerzliche Ereignisse.

Eine Sache war in erster Linie für meinen Bruder unangenehm: Er wurde ja in das Radebeuler Gymnasium – damals Hans-Schemm-Schule – umgeschult, wo er zu seinem Kummer auch auf Lehrkräfte aus meinem Luisenstift traf.

»Du musst dich mehr anstrengen«, musste er sich vom Lehrer Müller anhören. »Wenn ich da an deine Schwester denke, immer die besten Noten und fleißig …« Oh, wie mein Bruder das hasste, sich wiederholt diese Vergleiche mit meinen schulischen Leistungen anhören zu müssen. Sicherlich war es sehr schwierig für ihn, dass ich ihm als Vorbild hingestellt wurde, und er entwickelte gewiss Neid und Eifersucht gegen mich.

Aber richtig schlimm war das nicht, im Gegensatz zu dem, was dann kam:

Im Sommer 1937 starben kurz hintereinander der Bruder meines Vaters, Onkel Herbert, und meine Cousine Edith. Sie hatten sich beide bei der Mutter mit Tuberkulose infiziert und nach Ausbruch der Erkrankung gab es keine Rettung für sie. Ich konnte es nicht fassen, dass die beiden einfach weg waren.

»Warum?«, fragte ich. »Warum haben sie so früh gehen müssen?« Bitterlich weinte ich, meine Mutter konnte mich kaum trösten. »Edith hat doch niemandem etwas getan!« In diesem Moment habe ich zum ersten Mal mit dem Tod zu tun gehabt und es hat mich sehr geprägt. Mein Glaube half mir ein wenig. »Sie wird auf einer besonders schönen rosa Wolke sitzen und zu mir herunterschauen.«

Wir waren tief betroffen und spürten die Leere, die durch den Tod der beiden entstanden war. So wurde es im Hause meiner Großeltern sehr ruhig, lediglich der »Bamm« tobte noch durch den Garten.

Die politischen Verhältnisse jener Jahre sind uns seinerzeit noch wenig ins Bewusstsein gekommen. Das Luisenstift war eine streng lutherische Anstalt, die sich zunächst von politischen Strömungen unbeeindruckt zeigte und die Besuche der HJ (Hitlerjugend) und des BDM (Bund deutscher Mädel) mehr oder weniger als Pflichtveranstaltungen ansah. Zudem waren unsere Familien auch nicht sehr an den neuen Tendenzen – außer wenn nötig – interessiert. Aber wir hörten, dass in unseren gleichgesinnten Freundeskreisen mehr Verbindungen zu den nationalsozialistischen Bewegungen gegeben waren.

Ich (5. v.l.) beim Bund Deutscher Mädel (BDM)

Für mich war es in diesem Jahr viel wichtiger, eine Entscheidung hinsichtlich des Abiturzweiges zu fällen. Das Luisenstift führte nur bis zum sogenannten »Pudding-Abitur«, wie der hauswirtschaftliche Zweig unter uns genannt wurde.

»Hauswirtschaft, na, die kann mir absolut gestohlen bleiben. Das ist nicht mein Ding, da habe ich zwei linke Hände, ich bin für etwas anderes gut«, so motivierte ich mich für einen Schulwechsel. Schon unsere gute alte Hedi, die seit 1930 den Haushalt meiner Eltern betreute, hatte dies gemerkt und schickte mich wohlweislich aus der Küche, wenn ich auch nur Anstalten machte, diese zu betreten.

»Geh, schleich dich, du wirfst ja nur wieder die guten Teller runter, der arme Mann, der dich mal abkriegt«, so kanzelte sie mich ab.

Ich wollte wissenschaftlich arbeiten, musste also die Schule wechseln und – da es außer dem Realgymnasium in Radebeul 1 keine weitere Oberschule gab – zur sogenannten Fahrschülerin werden, um eine Dresdner Oberschule besuchen zu können. Also bereitete ich mich mit vier anderen meiner Klasse im Herbst 1937 darauf vor, zu Ostern 1938 in die Neustädter Höhere Mädchenschule, die NHM, in Dresden-Neustadt überzuwechseln.

»Mädels, da gehen wir gemeinsam hin, das schaffen wir schon«, sagte ich zu den vieren.

»Aber wisst ihr schon das Neueste? In Meißen wird eine Tanzstunde stattfinden, na, hoffentlich kommen wir da hin.« Also machten wir uns keine Sorgen wegen des Schulwechsels, sondern beschäftigten uns lieber ganz aufgeregt mit der Tanzstunde. Sie sollte mit einer Jungenklasse des Internats Sankt Afra, der sogenannten Fürstenschule, stattfinden. Zu dieser Tanzstunde, die ein renommierter Tanzlehrer namens Schade mit seiner Frau leitete, konnte man sich nicht melden, sondern musste aufgefordert werden. Und da meine Eltern zu dem Kreis gehörten, der »ebbes« war, wurde ich aufgefordert. Wer »ebbes« war, der gehörte zur oberen Schicht und galt damals etwas!

Vor der »Benimm-Stunde«, also der ersten Einführung in das ganze Prozedere, war auch meine Mutter aufgeregt. Mein Pagenkopf erschien ihr nicht mehr angemessen, also schickte sie mich zu einem Erstklass-Coiffeur in der Nähe des Dresdner Hauptbahnhofes, der mir meine erste Dauerwelle mit zwei Hängelocken über den Ohren verpasste.

»Na, gar nicht schlecht sehe ich aus«, staunte ich und drehte mich ganz kokett vor dem Spiegel. »Nur komme ich mit den Locken überhaupt nicht zurecht.« Also kämmte ich die Haare und durchzog mit der Bürste die schöne Dauerwelle.

Am nächsten Morgen schrie meine Mutter: »Um Himmels willen, wie siehst denn du aus?« Sie hatte recht, denn das Ergebnis meiner Bemühungen war, gelinde gesagt, unmöglich. »Du kostest mich ja mein ganzes Vermögen!« Nach einer entsprechenden Abreibung – und da war meine Mutter nicht zimperlich – wurde ich erneut zum Aufkämmen gegen teures Geld dem Friseur vorgeführt.

»Was hast denn du gemacht? Siehst aus wie ein Hadern (Putzlappen)!«, tobte nun auch der Friseurmeister. Nach dieser zweiten Standpauke wurde ich erneut frisiert und war danach wieder »ansehenswert«.

Und so ging es zur ersten Tanzstunde nach Meißen in die Burgschänke, von Kötzschenbroda zunächst mit dem Zug und dann in Meißen per pedes hinauf auf den Burgberg. Es war köstlich! Wir Mädchen saßen sittsam in einer Reihe, die Jungen standen in einer Reihe uns gegenüber, keiner wagte den anderen anzusehen, höchstens aus den Augenwinkeln heraus.

Und die Mütter saßen gewichtig auf dem »Drachenfels«, einer Art Estrade, von der aus sie das Geschehen der Tanzstunde und damit ihre Kinder überwachten. Herr Schade, der Tanzlehrer, erklärte, wie man aufforderte und aufgefordert wurde. Er erläuterte die Verbeugungen und angedeuteten Knickse, wie man sich begrüßte und verabschiedete. Es war wirklich ein uralter Zopf, aber die anwesenden Mütter waren sehr davon angetan.

»Schaut mal, da hinten ist meine Ruth«, sagte meine Mutter stolz zu ihrer Nachbarin.

Viel Spaß hat es uns dagegen anfangs nicht gemacht, und erst recht nicht, als wir nach wenigen Wochen den »Herren«, die uns zuerst aufforderten, für den Schlussball zusagen mussten. Die »Damen« durften nicht wählen, sondern wurden gewählt. Und ich erhielt ein ganz besonderes Exemplar, sehr klug, sehr belesen, aber abseits jeden Temperaments, jeder Sportlichkeit und damit auch jeden Gefühls für das Tanzen.

»Ein kluger Alptraum«, gestand ich mir ein, »aber da muss ich durch.« Ein paarmal stand er auf meinen Füßen, ich verfluchte sein Ungeschick, ließ aber alles brav über mich ergehen.

Deshalb war ich überaus froh, dass Herr Schade noch vor den Herbstferien zu meinen Eltern kam und anfragte, ob ich aus Mangel an Damen die Tanzstunde in Radebeul mit der entsprechenden Klasse des Realgymnasiums noch einmal mitmachen dürfte. Ich war Feuer und Flamme und konnte meine Eltern durch das Versprechen, schulisch nicht nachzulassen – besonders im Hinblick auf die Umschulung in die NHM (Neustädter Höhere Mädchenschule) –überreden, ihre Einwilligung zu geben.

»Neues Spiel, neues Glück«, wisperte ich, als es losging. Also besuchte ich den zweiten Tanzkurs mit einer Klasse, die nicht aus einem Internat kam. Die Mädchen entstammten den verschiedensten Schichten und kamen nicht nur aus Radebeul und Kötzschenbroda, sondern auch aus anderen Orten.

Nach einem ähnlichen Reinfall wie mit dem Partner aus Sankt Afra – mein erster »Herr« in dieser Tanzstunde war wieder sehr schlau, aber aufs Tanzen gesehen eine noch größere Niete – wechselte ich den Partner gegen einen, der in meiner unmittelbaren Nähe wohnte. Aber auch das war nicht das Richtige. Er fiel mir mit seiner Eifersucht, die sogar seine Mutter mit auf die Bühne brachte, auf den Wecker: »Mama, sie hat einen anderen angeschaut, nicht mich«, winselte er, und seine Mama blickte mich böse an und nahm es mir sehr übel, dass ich ihren Buben stehen ließ. Ich suchte also nach neuen Ufern …

So fand ich für den Kehrausball einen netten Tänzer aus Radebeul 1, mit dem ich Hand in Hand durch den dunklen Meissnertalgrund zurückmarschierte, nicht wissend, dass er später mein gesamtes Schicksal bestimmen sollte. Dieser Abschluss war wenigstens wunderschön. Später haben wir immer wieder über diese Szene gesprochen und über Begriffe wie »Vorsehung« und »Schicksal«. Ich habe auf jeden Fall diesen Augenblick fest in mein Herz eingeschlossen.

Dann nahm der Alltag wieder seinen Platz ein und die Verbindung mit den Tanzstundenherren der Meißner und Radebeuler Gymnasien löste sich. Aber die Verbindung mit jenem Erich Menzel lebte wieder auf, denn er kreuzte bei uns als Nachhilfelehrer meines Bruders auf, der in Mathematik große Schwierigkeiten hatte und dringend einer entsprechenden Förderung bedurfte.

»Komm, ich bin fertig mit der Nachhilfe. Ich hoffe, dein Bruder hat es dieses Mal verstanden. Gehen wir turnen, magst du?« Natürlich mochte ich. Und so kam es, dass er anschließend an die Nachhilfestunden noch Zeit für gemeinsames Turnen am Reck in unserem hinteren Garten hatte – eine Angelegenheit, die ich ebenso natürlich fand wie sonst auch, während meine Mutter ob des fehlenden Turnhöschens fast in Ohnmacht fiel.

»Wie kannst du dich nur so benehmen? Man konnte dein Unterhöschen sehen!«

»Aber Mama, das war doch nicht so schlimm, beruhige dich.«

Als besonders lieb empfand ich damals, dass dieser Erich Menzel an meinem 15. Geburtstag, als mein Bruder mit Diphterie im Bett lag und unser Haus unter Quarantäne stand, mit einem Strauß Margeriten zum Gratulieren in unserem Hintergarten erschien, ohne an die Gefahr einer Infektion zu denken.

»Herzlichen Glückwunsch zum Geburtstag«, sagte er artig und drückte mir seinen Strauß Blumen in die Hand. »Ich stecke mich nicht an, ich stehe ja unter deinem Schutz.« Mein Herz schlug ungewöhnlich schnell. Aber viel Bedeutung maß ich dem Ganzen noch nicht zu.

Im gleichen Sommer richtete der Tanzlehrer Schade in Meißen bei dem Artillerieregiment 2 (AR 2) und der Beobachtungsabteilung 4 (B 4) eine Fahnenjunker-Tanzstunde ein. Dass sich hier im Hintergrund die NSDAP mit ihrer SS (Schutzstaffel) bereits etablierte, war uns nicht bewusst. Schade suchte für das Ereignis »höhere« Töchter, also

Mädchen aus Familien, die »ebbes« waren. Und dazu gehörte mein Vater als technischer Direktor der Kötitzer Ledertuch- und Wachstuchwerke Coswig. Deshalb erhielt ich eine Einladung zu dieser Tanzstunde, die meine Eltern nun voll akzeptierten.

»Da machst du jetzt mit, das ist dein Standard«, meinten meine Eltern und sahen sich stolz in die Augen. Diesmal war es also eine Tanzstunde mit älteren Semestern – die Fahnenjunker waren immerhin um die zwanzig Jahre alt und unter ständiger Aufsicht der Mütter, die auf dem »Drachenfels« bei jeder Tanzstunde anwesend waren und uns strengstens beobachteten. Aber trotzdem hatten wir viel Spaß und merkten dabei überhaupt nicht, dass die politische Wetterlage immer dunklere Wolken zeigte.

»Du, Marie«, sagte ich zu meiner Tanzfreundin, »der Paul ist gar nicht mehr da. Weißt du, wo er ist? Er war doch so ein guter Tänzer!«

»Ich habe gehört, dass er bei einem Einsatz ist. In der Tschechei, glaube ich, aber der wird schon bald wieder hier sein, davon bin ich überzeugt«, antwortete sie gelassen.

An Krieg dachte damals von uns niemand. Die NSDAP baute ihre Macht unter Hitler zunehmend aus und bildete ein Heer aus, obwohl dies nach dem Ersten Weltkrieg noch gar nicht erlaubt war. Die SS wurde eine Art Geheimpolizei zum Schutz des Führers.

Ein besonderes Ereignis in dieser Zeit ist mir im Gedächtnis geblieben. Seitens der Kommandeure von AR 2 und B 4 wurde zu einem Maskenball geladen, und an diesem sollten nicht nur die Fahnenjunker der Tanzstunde, sondern alle Offiziere der beiden Regimenter und alle Honoratioren der umliegenden Orte teilnehmen. Es war also ein Ereignis der ganz besonderen Art.

Ich bekam von unserer alten Hausschneiderin, die seit Jahren einmal im Monat in der Meißner Straße erschien und vom Ausbessern bis zu neuen Gewändern alle Näharbeiten erledigte, ein niedliches gelb-weißes Wiener Wäschemädel-Kostüm geschneidert. Meine Mutter kam im langen Kleid und mein Vater, er war ja Reserveoffizier aus dem Ersten Weltkrieg, in Uniform. So war es für uns alle »eine rauschende Ballnacht«. Wir amüsierten uns köstlich – nicht wissend, dass solche Vergnügungen sich in nächster Zeit bestimmt nicht wiederholen würden.

Ein junger Oberleutnant von B 4 fand an mir ein besonderes Interesse, sehr zum Ärger meiner Tanzstundenpartner. Ich unterhielt mich blendend und nahm dieses Interesse vorerst gar nicht richtig wahr. Auch als dieser Oberleutnant, Siegismund Meinhold, offiziell bei uns Besuch machte und mich in den Vorsommermonaten 1939 ab und zu in die Oper oder ins Theater einlud, dachte ich nicht daran, dass dies etwas Ernstliches bedeuten könnte.

Schließlich war ich gerade 16 Jahre alt und musste meine ersten Meriten auf der Neustädter Oberschule erwerben, was nach dem Wechsel vom Luisenstift gar nicht so einfach war, weil die Anforderungen in dieser Schule doch wesentlich höher lagen.

Die Wehrmacht marschiert ein – ein mörderischer Krieg beginnt

Und dann plötzlich – mit meinen Eltern und meinem Bruder kam ich gerade von einem Ostseeurlaub zurück – war alles anders. Schon auf der Rückfahrt begegneten wir Truppentransporten, die Bahnhöfe waren verstopft, eine eigenartige Stimmung lag in der Luft.

»Was ist denn da los?«, fragte ich meine Eltern, die besorgte Mienen zeigten.

»Da braut sich was zusammen«, meinte mein Vater, »aber wir werden abwarten und ruhig bleiben.« Er sagte nicht, was er dachte, da ich aber ein enges, vertrautes Verhältnis zu meinem Vater hatte, spürte ich sein Unbehagen und seine Angst.

In Meißen hatte unser netter Fahnenjunker- und Offizierskreis aufgehört zu existieren. Beide Abteilungen waren abgezogen worden – wohin, das erfuhren wir erst, als am 1. September 1939 unsere Truppen in Polen einmarschierten. Es war Krieg. Die Wende war schlimm und unsere Ängste wuchsen ins Unermessliche.

»Als Erstes müssen abends sämtliche Fenster verdunkelt werden«, sagte meine Mutter und ihre Augen zeigten ihre Furcht. Wir nähten schwarze Vorhänge oder bastelten dunkle Rollos. Kein Licht durfte ins Freie strahlen, denn es konnte von feindlichen Flugzeugen aus gesehen werden. Außerdem gab es jetzt Lebensmittelmarken für Fleisch, Fett, Mehl, Zucker, alles war rationiert. Was noch »frei« zu haben war, wurde schleunigst gehamstert und in großen Mengen eingekauft, weil niemand wusste, wie lange die Rationierung dauern würde. Alle Gartenvorräte waren plötzlich unheimlich wichtig. In diesem Jahr haben unsere brave Hedi und meine Mutter eingekocht wie noch nie.

In der Schule ging es weiter wie bisher. Nur verschwand bei mir in der Schule und auch in jener meines Bruders der eine oder andere Lehrer. Sie waren als Soldaten eingezogen worden.

»Was meinst du, wann kommen sie wieder?«, fragte mein Bruder.

»Das wird dauern«, meinte ich, und dann altklug, ganz große Schwester: »Hab keine Angst, das wird schon vorbeigehen.«

Auch unsere Tanzstundenklassen hatten inzwischen Abitur gemacht und waren zum Arbeitsdienst und nachfolgend zur großdeutschen Wehrmacht eingezogen worden. Wir hörten im Radio die ersten Siegesmeldungen, sahen aber auch die ersten schwarzen Kleider. Es war Krieg. Die Veränderungen, die er mit sich brachte, wurden langsam überall sichtbar.

Dieser Krieg begann für mich mit einer großen Enttäuschung. Im September kam mein Vater von einer Geschäftsreise nach Berlin zurück und erklärte mir kurz und bündig, dass die mir für die Zeit nach dem Abitur zugesagte Reise nach Brasilien ausfiele. Für mich brach eine Welt zusammen, hatte sie mir doch ein Onkel, der über Ecken mit uns verwandt war, geschenkt. Meine Mutter hatte eine Cousine, die mit ihrer Familie – die Tochter war in meinem Alter – in Trachau gewohnt hatte. Wir waren oftmals zusammen gewesen, ihr Mann war bei Junkers & Ruh beschäftigt. 1934 verschwanden die drei bei Nacht und Nebel aus Deutschland. Ich konnte mir das zunächst nicht erklären. Lediglich über unsere Verwandten in Bad Blankenburg – der Bruder meiner Großmutter mütterlicherseits war mit einer Engländerin verheiratet, und wir besuchten sie in unserem Urlaub regelmäßig im Sommer im Thüringer Wald – hörten wir, dass sie in Rio de Janeiro lebten und es ihnen gut ging. Und über diese Verwandten hatte ich auch die Einladung nach Rio erhalten.

»Geht denn da gar nichts?«, fragte ich verzweifelt meinen Vater.

Da erklärte er mir die Hintergründe: »Weißt du, dass der Onkel Jude ist?«

»Na und?«, fragte ich zurück.

»Leider sind die Juden nicht gut in Deutschland gelitten und deshalb ist die Familie rechtzeitig ins Ausland gegangen, weil keiner weiß, was mit den Juden in Deutschland noch passiert.«

Was für eine Vorahnung! Ich wurde strengstens ermahnt, mit niemandem darüber zu sprechen. Von ihnen zu reden, hätte auch Gefahr für uns bedeutet. Das konnte ich zu jenem Zeitpunkt alles noch nicht begreifen. Leider ist die Verbindung zu diesem Onkel und seiner Familie während des Krieges völlig abgerissen.

Das Schicksal der Juden in Deutschland erfuhren wir erst nach dem Krieg. Unvorstellbar, aber Tatsache ist, dass so manch einer verschwand, was aber im Schweigen aller unterging. Menschen wurden abgeholt, und die Angst, selbst in die Schusslinie der SS zu geraten, ließ alle verstummen.

Trotz der Einberufung verschiedener Lehrer an die Front wurden die Anforderungen in der Neustädter Höheren Mädchenschule keineswegs einfacher, aber wir hatten ja genügend Zeit zum Lernen. Nach der Verdunklung um 19 Uhr ging sowieso kaum jemand mehr aus, höchstens einmal ins Kino.

Für mich ergab sich aber eine schöne Abwechslung. Einer meiner Musiklehrer war von meiner Stimme und den gelegentlichen Vorträgen bei Schulereignissen so angetan, dass er meinen Vater bestürmte, meine Stimme ausbilden zu lassen, damit ich später eventuell einmal beruflich an der Oper oder bei Konzerten auftreten könne.

»Ne, ne, meine Tochter wird keine Opern- oder sonstige Sängerin, du erlernst einen anständigen Beruf«, wiegelte er ab. Da er mich aber sehr liebte und mir nur schwer etwas ablehnen konnte, genehmigte er mir eine musikalische Ausbildung und hatte nichts gegen regelmäßigen Unterricht einzuwenden. Also bekam ich Musikunterricht in Gesang und Laute bei einer bekannten Radebeuler Musikpädagogin, was mir sehr viel Freude machte und womit ich auch relativ gute Erfolge erzielte. Es war eine der wenigen Freuden, die die Monate im Winter 1939/1940 mit sich brachten.

Meine Stimme habe ich immer wieder eingesetzt – innerhalb der Familie vor allem an Weihnachten, und alle haben gerne zugehört und dann auch mitgesungen. Es war wie eine innere Beruhigung, die Vibration, durch die Stimme erzeugt, besänftigte mich – auch in schlimmen Zeiten.

Nach dem siegreichen Ende des Polenfeldzuges wurde das Leben in Radebeul wieder normaler, auch wenn die Lebensmittelkarten bestehen blieben und das Verdunklungsgebot nicht aufgehoben wurde. Alle hofften, trotz mancher Trauernachricht, dass der Krieg bald enden würde. Ab und zu erschien einer unserer Tanzstundenherren und bestärkte uns in der Aussicht auf ein nahes Kriegsende.

»Bald ist alles überstanden«, meinte Paul, einer meiner Lieblingstanzstundenherren. »Ihr werdet sehen, wir werden tanzen und uns amüsieren. Habt Geduld.«

Aber es kam ganz anders.

1940 ging der Krieg im Westen los. Weitere Einberufungen in unserem Bekannten- und Verwandtenkreis folgten. Auch mein Vater bekam am Ende des Einzuges in Paris seine Einberufung als Reserveoffizier.

»Gerhard, was soll nur werden. Musst du da wirklich hin?«, weinte meine Mutter. Insbesondere für sie, aber für uns alle war das ein Schicksalsschlag.

Nie werde ich den Moment vergessen, als er das Haus verließ. Wir alle hatten Tränen in den Augen und die Angst in uns wuchs von Stunde zu Stunde.

Zunächst kam mein Vater noch in Abständen nach Hause, dann wurde er endgültig in den Stab von General von der Lippe nach St. Germain versetzt. Das war das Schlimmste – die Funkstille, das Warten auf Nachrichten, das Bangen und Hoffen, dass das Kriegsgespenst bald Geschichte sein würde. In den Schulen verließen mehr und mehr Lehrer das Podium und ältere oder bereits pensionierte übernahmen deren Aufgaben.

Wir selbst wurden klassenweise während der Oster- bzw. Herbstferien aufs Land gebracht, in die Nähe unseres Landschulheimes in Hellendorf im Erzgebirge, um in Bauernfamilien und bei der Ernte zu helfen.

Für uns Stadtmädchen war dies eine gewaltige Umstellung. Zwar durften wir uns noch abends in unserem Landschulheim aufhalten und dort schlafen, aber die harte Arbeit auf den Gütern und auf dem Feld setzte uns doch sehr zu. Lediglich die Gemeinschaft innerhalb der Klasse half über schmerzende Knochen und blaue Flecke aber auch über manchen Kummer hinweg.

Ich hatte Heimweh, durfte das aber nicht zeigen und heulte mich so manches Mal in den Schlaf. Dennoch gab es immer wieder Abwechslungen in diesen Zeiten, die entweder positiv oder negativ einprägsam waren.

Schrecklich für mich war folgendes Erlebnis: Ich hatte die Pflege der weißen Enten in meiner Bauernfamilie übernommen, um zum Schluss damit konfrontiert zu werden, dass ich eine davon schlachten musste.

»Nein, das mache ich nicht«, rief ich.

Doch die Bauersfrau schrie mich an: »Sollen wir wegen dir, du dummes Huhn, verhungern? Da liegt das Messer. Mach dich an die Arbeit.« Es war wirklich ein grausames Erlebnis.

Am meisten hat mir über die zum Teil furchtbaren Erfahrungen hinweggeholfen, dass ich ab und zu nette Briefe aus dem »Feld« von dem Oberleutnant von B 4 erhielt. Schnell nach der Lektüre steckte ich diese Briefe weg, sodass sie keiner aus Versehen in die Hände bekam.

Im Winter 1940/41 gab es für uns kaum eine Ruhepause, mussten wir uns doch auf das Abitur vorbereiten. Die schriftlichen Arbeiten fanden im Februar statt – die mündlichen, je nach Ergebnis oder zur Verbesserung einzelner Noten, im März.

Ich war aufgeregt, als die Prüfungszeit begann, aber als ich merkte, dass ich die Fragen gut beantworten konnte, beruhigte ich mich. Die schriftlichen Arbeiten dauerten jeweils fünf Stunden, die mündlichen in allen Fächern mindestens dreißig Minuten.

Alle aus meiner Klasse kamen gut durch das Abitur und auch mein Abschluss erfolgte zur vollsten Zufriedenheit meiner Eltern, denn er war einer der drei besten von ganz Sachsen.

Ganz besonders freute ich mich, dass mein Opa – der sehr streng und gar nicht zum Loben aufgelegt war – mit einer wunderschönen böhmischen Kristallvase als Gratulant erschien.

»Komm her, mein Mädel«, rief er laut, als er mich sah. Er drückte mich an seine Brust und ich spürte, wie stolz er war. Da wusste ich, dass alles sehr gut abgelaufen war.

Und dann ging es um die Frage, was weiter geschehen sollte.

Ist mit zwanzig Jahren das Leben zu Ende?

Eigentlich hätte ich, wie meine Klassenkameradinnen, zum Arbeitsdienst verpflichtet werden müssen, aber da mein Vater »im Feld« war und meine Mutter mich dringend für »Haus und Hof« anforderte, zumal unsere langjährige Hilfe Hedi plötzlich einen Partner gefunden hatte und überraschend heiraten wollte, suchten wir nach einer anderen Lösung. Oder wussten meine Eltern bereits mehr?

Nach meinem Abitur erschien nämlich eines Tages kurz vor Ostern mein Oberleutnant von B 4 bei meinen Eltern. Wie gesagt, wir hatten uns in der Vergangenheit bei seinen Urlauben ab und zu gesehen, waren zusammen ausgegangen in die Oper oder zum Tanzen in das »Italienische Dörfchen«, ein nettes Lokal in Dresden. Auch meinen ersten Kuss hatte ich bereits bekommen. Aber sonst war nichts gewesen.

Als er aufkreuzte, dachte ich: Was will er denn hier bei meinen Eltern? Gibt es eine Einladung, zu der ich mitgehen soll? Oder was könnte der Grund sein? Ich grübelte hin und her, doch an jenem Sonntag wurde ich kurzerhand aus dem Zimmer geschickt.

Mein Vater, der Fronturlaub hatte, und Siegismund Meinhold blieben allein, dann kam meine

Mutter dazu. Irgendwann rief man nach mir: »Ruth, kommst du mal bitte!« Mir war ganz mulmig zumute. Zögernd betrat ich das Arbeitszimmer meines Vaters.

Meine Mutter rief aus: »Er will dich!« Dieser Ausruf war das Signal – und mit einem Schlag war ich verlobt. Ich konnte es kaum fassen. Mir ist heute noch unbegreiflich, dass auf diese Weise Ehen gestiftet wurden. Mit uns Schulmädchen konnte man so etwas machen, denn wir hatten wirklich von nichts eine Ahnung.

Meine Gedanken überschlugen sich: Jetzt bist du eine der Ersten, die verlobt ist, ging mir durch den Kopf. Aber auch: Das geht mir zu schnell. Mich hat ja niemand gefragt, was ich will.

Glücklich und verliebt fühlte ich mich jedenfalls nicht. Aber ich fügte mich in dieses Schicksal, so war es üblich und zur damaligen Zeit Brauch. Und ich dachte an meine Eltern, die ebenfalls nicht gefragt worden waren. Erstaunlicherweise ist aber ihre Ehe gut gegangen, vielleicht war sie etwas langweilig.

Auf diese Weise bekam mein Leben eine ganz neue Wendung. Mein »Verlobter« hatte vor, mich im Jahr 1942 zu heiraten. Dadurch rückte der Arbeitsdienst in weite Ferne, denn Frauen von Berufsoffizieren wurden nicht eingezogen. Dies war für meinen Vater und meinen zukünftigen Ehemann eine große Beruhigung und für mich natürlich ein besonderer Vorteil.

So wurde ich zunächst von meinen Eltern auf eine Haushaltsschule geschickt, um kochen zu lernen, Haushaltsführung und all die Dinge, die ich eigentlich nicht lernen wollte. Und dann, um »aufgeklärt« zu werden, stellte man meine Klassenkameradinnen und mich einer alten Ärztin vor.

»Ja, habt ihr denn gar keine Ahnung, wie Babys entstehen?«, rief sie fassungslos aus, als sie merkte, dass wir tatsächlich nichts von Zeugung und Schwangerschaft wussten. Und das mit über 18 Jahren! »Dann will ich euch mal erklären, woher die kleinen Babys kommen«, nahm sie sich vor.

Dazu kam noch ein Sonderunterricht in einer Sprachschule – Englisch und Französisch – sowie in Stenografie und Schreibmaschine, um im Falle eines Falles für einen Beruf gerüstet zu sein. Also bekam ich ein »Rundumpaket« zum Eintritt in die Ehe. Mein Vater hatte dies auch als Bedingung gestellt, und fand volles Einverständnis bei meinem inzwischen zum Hauptmann beförderten zukünftigen Ehemann. Nur ich wurde immer noch nicht gefragt, was ich eigentlich wollte.

Inzwischen hatte ich anlässlich der Verlobung und einer offiziellen Vorstellung die Familie meines zukünftigen Ehemannes in Dresden-Leubnitz kennengelernt. Die Mutter war im Alter meiner Großmutter, seine Schwester Elisabeth war im selben Jahr geboren worden wie meine Mutter, und zwischen uns – Siegismund und mir – bestand immerhin ein Altersunterschied von neun Jahren.

Und wieder kamen bohrende Gedanken: Würden wir uns verstehen? Wir kennen uns doch eigentlich gar nicht! Wie können meine Eltern es zulassen, dass ich jetzt heiraten soll?

Die Mädchen meiner ehemaligen Klasse, von denen ebenfalls einige auf der Hauswirtschaftsschule landeten, beneideten mich glühend, denn ich war schließlich die Erste, die heiraten würde. Genau das war ja auch mir im ersten Moment des Heiratsantrags durch den Kopf gegangen.

Aber das halbe Jahr Wirtschafts- und Handelsschule ging schnell vorüber. Ich musste an eine Berufstätigkeit denken, sonst wäre ich in einer Fabrik gelandet, um dort Material für den »Endsieg« herzustellen. In meine ehemalige Volksschule in Radebeul 2 war inzwischen eine Wehrwirtschaftsabteilung (WeWi) eingezogen, die den Nachschub der Wehrmacht im Bereich Dresden regeln sollte. Die Leitung dieser Abteilung hatte ein Oberst Hans Gronau, ein Vetter des berühmten Ozeanfliegers. Und dieser suchte eine Sekretärin. Wer war da wohl besser geeignet als eine künftige Offiziersfrau, noch dazu mit entsprechenden Kenntnissen?

»Das ist nach meinem Geschmack«, schrieb ich meinem Vater an der Front, »das gefällt mir«.

Also begann ich im November 1941 dort meine Tätigkeit in einer sehr angenehmen Atmosphäre, wobei ich die Möglichkeit hatte, am Abend meine Mutter in der Meißner Straße zu unterstützen. Tagsüber kam ich mit dem Stab der WeWi 3 sehr gut aus und konnte die Erwartungen, die in mich gesetzt wurden, gut erfüllen.

»Ich habe trotzdem Angst um dich, mein Schatz«, schrieb mein Vater. »Ich hoffe sehr, dass sie dich nicht doch noch zu irgendeinem Kriegsdienst einziehen.«

Hintergrund dieser Angst und Gefahr, irgendwelchen anderen Aufgaben zugeteilt zu werden, war die Tatsache, dass – wie ich allmählich erfuhr – mein Chef trotz seiner berühmten Verwandtschaft in keinem sehr guten Verhältnis zu seiner obersten Führung stand und seine Wehrwirtschaftstätigkeit mehr oder minder ein Abschiebeposten war. Deshalb sollte meine Hochzeit möglichst bald durchgeführt werden, denn als Offiziersfrau war ich weniger »gefährdet«. Auch mein Verlobter war damit einverstanden und so wollten wir im nächsten Urlaub heiraten.

Allerdings war dies nur kurzfristig planbar, denn er stand an der Front in Russland und mein Vater war in St. Germain bei Paris. Die Vorbereitungen wurden deshalb soweit als möglich getroffen, denn es sollte eine schöne Hochzeit werden, deren Datum allerdings erst sehr kurzfristig festgelegt werden konnte.

Oh, wie mir das alles doch zu schnell ging! Aber die Gründe lagen auf der Hand, nur die Gefühle passten nicht dazu.

Außerdem waren wir im Jahr 1941, und die Brutalität des Krieges nahm immer mehr zu. Die fürchterlichsten Dinge geschahen: Siegismund trauerte um seinen Bruder, der im Osten gefallen war.

»Du wirst verstehen, dass ein Teil meiner Familie nicht zur Hochzeit kommen wird. Alle sind in tiefer Trauer und können es nicht fassen, was passiert ist.«

Sein Bruder hatte noch vor Kriegsbeginn geheiratet und mit seiner Frau Luise, genannt Wieschen, eine Tochter namens Christel bekommen, die nun ganz ohne Vater aufwachsen musste. Wir alle waren total schockiert und wieder breitete sich in mir diese Angst vor dem Krieg aus, die lange nicht von mir weichen sollte.

Dann bekamen ganz kurzfristig die Soldaten aus dem Osten und dem Westen, also auch Siegismund und mein Vater, Urlaub, und so konnte am 22. Juni 1942 geheiratet werden. Ich war dabei gerade einmal 19 Jahre alt!

Die Einladungen an die Brautjungfern und Brautführer sprachen wir sehr kurzfristig und natürlich nur an diejenigen aus, die gerade auf Heimaturlaub von der Front oder vom Arbeitsdienst in Radebeul waren oder die eine Stationierung in der Nähe von Dresden oder Radebeul hatten. Von großer Freude und Ausgelassenheit konnte keine Rede sein – wie fröhlich hatte ich mir einmal meine Hochzeit vorgestellt und wie kalt und grausam war die Zeit um das Fest herum.

Trotzdem hatte ich vier Brautführerpaare, darunter auch den bereits hochdekorierten Leutnant Erich Menzel, der allerdings auf dem Bild vor der Kirche nicht gerade ein fröhliches Gesicht zeigte.

»Ich sehe, dass er nicht froh ist«, sagte ich mir, »woran mag das liegen? Am Krieg, an seiner Situation, vielleicht ist er doch ein wenig traurig, dass ich …«

Meine Hochzeit selbst fand in der Kötzschenbrodaer Friedenskirche statt, obwohl die Gemeinde inzwischen Radebeul 2 hieß. Sogar eine Hochzeitskutsche mit zwei Schimmeln hatten meine Eltern aufgetrieben. Die Feier selbst war in der Sektkellerei

Bussard organisiert worden und anschließend – schließlich war ab Dämmerung Verdunklung angesagt und damit wurden die Lokale und Restaurants abends geschlossen – bei uns in der Meißner Straße.

»Und nun ist für euch Schluss«, rief mein Vater aus. »Ein Brautpaar verlässt immer zuerst das Fest.« So hatten wir um 23 Uhr – sehr zu unserem Leidwesen – zu verschwinden. Da ging der letzte Zug nach Dresden, wo wir übernachten sollten, um am nächsten Tag an den Bodensee auf Hochzeitsreise zu gehen.

Dort in Heiligenberg konnten wir uns gerade einmal acht Tage lang kennenlernen. Allerdings erlebten wir in dieser Zeit auch so manche lustige Episode. Schließlich war ich noch sehr jung und wirkte nicht gerade erwachsen. Ja, ich bin in diese Ehe hineingestolpert, völlig naiv und mit sehr gemischten Gefühlen. Siegismund war mir deutlich überlegen, sowohl an Erfahrungen wie auch an Reife und Entwicklung.

Die Umstände meiner ersten Heirat wurden später in meiner Familie zunächst verschwiegen und erst später »offenbart«. Unseren Kindern haben wir davon sehr spät erzählt, wir hatten Angst, sie würden es nicht verstehen. Damit tat ich das Gleiche wie meine Mutter. Auch sie hatte die »Schande« ihrer Adoption verschwiegen, warum nur? Meine Kinder hatten im Übrigen überhaupt kein Problem mit meiner ersten Ehe, sie fragten uns nur, warum wir es ihnen nicht früher gesagt hatten. Zu Siegismunds Schwester und seiner Nichte gibt es übrigens immer noch Kontakt.

Aber zurück zu unserer Hochzeitsreise: Heiligenberg, hoch über dem Bodensee gelegen, besaß ein wunderschönes Schwimmbad, das ich als bekennende Wasserratte gern nutzen wollte. Wir mieteten also eine Umkleidekabine, aber der Cerberus des Schwimmbades erlaubte nicht, dass wir sie gemeinsam benutzten.

»Das Fräulein darf da nicht mit hinein!«, war seine grimmige Antwort an meinen Mann, worauf dieser feststellte:

»Das Fräulein ist meine Frau.«

Aber obwohl wir ihm den Trauschein vorwiesen, den wir wohlweislich immer dabeihatten, nutzte das alles nichts. »Das Fräulein« musste in eine eigene Kabine. Auch in der Eisenbahn, die oftmals von Wehrmachtsangehörigen überprüft wurde, wurden wir »schief« angesehen. Schließlich war es damals eine absolut sittenstrenge Zeit, die heutzutage kaum noch verstanden wird.

Dann war Siegismunds Urlaub zu Ende. Er musste zurück an die Front und ich arbeitete weiter bei der Wewi 3, nunmehr als Frau Meinhold.

Das Jahr 1942 ging vorüber, ohne dass der Krieg, wie wir es uns alle wünschten, ein Ende gehabt hätte. Im Gegenteil, die Zeiten wurden immer härter. Viel Leid geschah, viele Tränen wurden vergossen. Die Nachrichten aus dem Feld, besonders aus dem Osten, wurden immer düsterer. Die Lebensmittelkarten wurden knapper, die Fleisch und Fettrationen sanken. Dafür wurde jedes noch so winzige Fleckchen im Garten bebaut und jeder noch so kleine Apfel geerntet.

Dann kam Weihnachten. Die Stimmung war gedrückt, alle schlichen durch das Haus. Es waren ja nur noch meine Mutter, mein Bruder und ich da. Weihnachtslieder blieben uns im Hals stecken. Kleine Geschenke übergaben wir uns, aber alles war unendlich traurig. So verlief Weihnachten recht still und die düsteren Vorahnungen, dass nach den Jahren der Siege nun keine mehr folgen würden, wurden stärker. Die Nachrichten aus der russischen Kälte waren entsetzlich und das Schicksal von Stalingrad erschütterte alle. Dazu nahmen die Fliegerangriffe zu, viele Städte wurden angegriffen und versanken teilweise in Schutt und Asche.

So saßen wir jeden Abend zitternd im Wohnzimmer vor dem Volksempfänger und hörten die Warnmeldungen, um zu erfahren, wo sich die feindlichen Maschinen befanden.

»Hast du das gehört?«, fragte ich meinen Bruder. »Anflug in Martha/Heinrich. Aufgepasst!« Mein Bruder heulte gleich los, und meine Mutter nahm ihn beruhigend in den Arm. Das gesamte Reichsgebiet war in Planquadrate aufgeteilt. Und wenn es hieß: »Anflug in Martha/Heinrich«, so waren die Koordinaten von Leipzig und Dresden gemeint und es herrschte Gefahr im Verzug.

Keiner dachte mehr ans Schlafengehen, vielmehr rannten wir aus unserem Haus in den Luftschutzbunker, der gleich nebenan lag. Staubig, dunkel, feucht, so habe ich diesen Keller in Erinnerung. Und den Geruch der Angst, der in der Luft lag, auch den werde ich nie vergessen. Zusammengepfercht hörten wir die Sirenen heulen, das Krachen der

Einschläge und dann wieder das Signal der Entwarnung.

Aber es gab auch erleichternde Momente. Zu Ostern erlebten wir die Freude, dass mein Vater aus Frankreich auf Urlaub kam. Allerdings war er gesundheitlich in keinem guten Zustand und hatte oftmals Schmerzen in der Brust, die in den linken Arm ausstrahlten.

Eines Nachts wurden diese so stark, dass ich dringend einen Notarzt rufen musste, der aber leider dem Vati wenig Linderung bringen konnte. Denn wie wir allerdings erst später erfuhren, war der Arzt Morphinist und durfte keine Beruhigungs- und ähnliche Mittel verschreiben.

»Das gefällt mir nicht«, sagte ich zu meiner Mutter. »Ich rufe einen weiteren Arzt an.« Am nächsten Morgen konsultierten wir den Arzt der in Dresden stationierten Wehrmachtstruppe, der einen schlimmen Herzinfarkt feststellte und meinen Vater sofort in das Garnisonskrankenhaus in Dresden einwies. Dort blieb mein Vater sechs Wochen lang, wir besuchten ihn so oft wie möglich.

Meine Mutter und ich – mein Bruder war schon als Flakhelfer eingeteilt und verbrachte die Nächte innerhalb einer Flakstation am Rande von Radebeul – haben damals nicht geahnt, wie lebensbedrohlich die Situation für meinen Vater in jener Nacht gewesen war. Nach der Entlassung aus dem Garnisonskrankenhaus war nicht mehr an eine »Kriegsverwendung« zu denken, er wurde »arbeitsverwendungsfähig« geschrieben und kehrte zu seiner Tätigkeit in den Kötitzer Ledertuch- und

Wachstuchwerken in Coswig zurück. Gott sei Dank! Aber da dort zahlreiche Mitarbeiter durch die Einberufung ausgefallen waren, wurde er – statt entlastet zu werden – stärker gefordert als zuvor.

Im Juni kam plötzlich Siegismund auf Urlaub, für genau zehn Tage. Jetzt spürte ich so etwas wie wirkliche Freude, dass er kam, fühlte ich mich doch als seine Frau.

»Schön, dass du da bist«, flüsterte ich ihm zu. Ich hatte nach unserer Verheiratung im Hause meiner Eltern eine nette Zwei-Zimmer-Wohnung eingerichtet bekommen, hauptsächlich deshalb, damit wir in unseren relativ großen und zahlreichen Räumen keine Zwangseinquartierung durch Flüchtlinge erhielten. In jenen Tagen trafen nämlich die ersten Flüchtlingsfamilien aus Rumänien und Bulgarien ein, weil diese Länder Kriegsgebiete geworden waren.

Mein Mann und ich wollten seinen Urlaub nicht daheim verbringen, sondern fuhren ins Fichtelgebirge, wo uns ein Quartier vermittelt worden war. Ich war eigentlich voller Vorfreude, mal rauszukommen, aber leider wurde der Urlaub ein Desaster. Nicht nur die Sauberkeit ließ zu wünschen übrig, die Räume waren kärglich, die Verpflegung »kriegsgemäß«, sodass wir nach einigen Tagen beschlossen, doch wieder nach Radebeul zurückzukehren. Schließlich waren die wenigen Urlaubstage zu kostbar. Tief enttäuscht saß ich im Zug, neben mir mein Mann, der mir eigentlich immer noch viel zu fremd war.

Die Urlaubstage gingen dann rasch vorbei, weil ich – wahrscheinlich bedingt durch das kalte, zugige Quartier – mir eine Nierenbeckenentzündung zugezogen hatte, die nicht viel Bewegungsfreiheit gestattete.

»Dir geht es ja wirklich schlecht«, meinte Siegismund zu mir und gab mir einen Kuss auf die heiße Stirn. »Bleib im Bett liegen und erhol dich. Ich komm ja bald wieder.« So konnte ich Siegismund nicht zum Bahnhof begleiten, sondern lag stattdessen im Bett. Keiner von uns ahnte, dass dies ein Abschied für immer sein würde.

Im September 1943 – ich war allein mit unserer Hausangestellten in der Meißner Straße, meine Eltern waren zur Kur in Bad Tölz – erschien eines Tages ein Kreisleiter der NSDAP in voller Uniform vor der Haustür und läutete.

»Sind Sie Frau Meinhold?«, fragte er. Er schaute mich etwas mitleidig an und wartete auf meine Antwort. Als ich dies bejahte, fuhr er salbungsvoll fort: »Ich habe die Ehre und die traurige Pflicht, Ihnen mitzuteilen, dass Ihr werter Gatte, Herr Major – wissen Sie, er wurde noch befördert –, Herr Major Siegismund Meinhold, für Führer und Vaterland den Heldentod gestorben ist. Mein Beileid.«

Mir wurde schwarz vor Augen und ich dachte: So kurz war die Zeit, die wir miteinander verbringen konnten. Doch ich fasste mich schnell und gab als Antwort: »Danke für die Information. Sie werden verstehen, dass ich jetzt allein sein möchte.« Ich wollte ihn so schnell wie möglich loswerden und nie wieder in dieses gleichgültige Gesicht blicken müssen.

GETREU SEINEM FAHNENEID
STARB IM KAMPF UM DIE
FREIHEIT GROSSDEUTSCHLANDS
SIEGISMUND MEINHOLD
MAJOR IN DER
SCHW. ARTILLERIE ABTEILUNG 731
DEN HELDENTOD FÜR
FÜHRER·VOLK UND VATERLAND

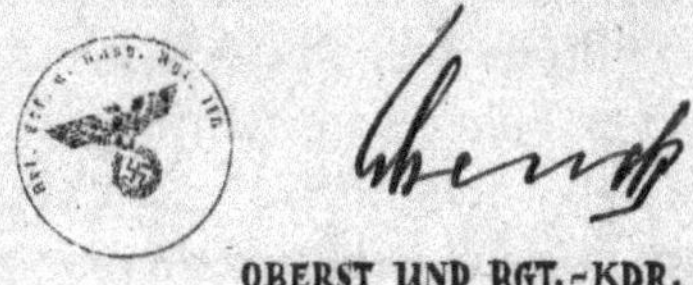

OBERST UND RGT.-KDR.

Die Urkunde über Siegismunds Tod

Als ich dann so allein unter der Tür stand, merkte ich erst, dass ich ein Schreiben in den Händen hielt. Der Kreisleiter hatte es mir übergeben, und ich hatte das in meinem Schock gar nicht bemerkt.

Ich öffnete das Schreiben und las folgenden Text: »Ich habe die traurige Pflicht, Ihnen mitzuteilen, dass Ihr Gatte, Major Siegismund Meinhold, am

18. September 1943 gegen 21.50 Uhr auf dem Hauptverbandplatz in Farental, etwa 25 Kilometer südwestlich von Orechoff, seinen schweren Verletzungen erlegen ist. Er erlitt im Gefecht einen Bauchschuss mit Zerreißung des Dickdarms und der Leber.«

Mir verschwammen die Zeilen vor Augen. Die Beschreibung seines Todes war unerträglich. Die letzten Zeilen lauteten: »... alle Anstrengungen vermochten nicht, den Tod aufzuhalten. Ihr Gatte ist während der Operation sanft entschlafen ... Möge Gott Ihnen die Kraft geben, das schwere Schicksal zu tragen.« Unterzeichnet war das Schreiben von einem Doktor Kolb, Stabsarzt und Kompanie-Führer.

Für mich brach zunächst eine Welt zusammen. Meine Eltern hielten sich in Bad Tölz auf, zu ihnen konnte ich so schnell nicht fahren. Daher flüchtete ich mich zu meinen Großeltern, die mir rührend beistanden und mich auffingen. Die gerade bei meinen Großeltern wegen der Luftangriffe auf Stuttgart lebende Schwester meines Vaters half mir ebenfalls. Sie ließ mich einfach nicht allein und es gelang ihr, dass ich doch bald mit dem ersten Schock fertig wurde. Meine Trauer und mein Schmerz, so früh schon Witwe geworden zu sein, waren übermächtig, und das Einzige, was mir half, waren die Gespräche, die wir stundenlang führten.

»Warum dieser Krieg?«, fragten wir uns, und »Warum musste ausgerechnet er fallen?«

Dann verständigten wir schließlich meine Eltern, und diese verfügten, dass ich – um Abstand zu gewinnen – sofort zu ihnen nach Bad Tölz kommen sollte.

»Setz dich in den Zug und komm zu uns, dann werden wir bereden, was weiter geschehen kann.«

Ich war erleichtert und machte alles mit, tief geschockt und traurig, auch wenn es doch nicht die Liebesheirat gewesen war, die ich mir immer gewünscht hatte. Die Wewi 3 gewährte mir sofort Urlaub und ich verließ für einige Wochen Radebeul – eine Kriegerwitwe mit gerade einmal zwanzig Jahren. Im Zug brach diese Erkenntnis über mich herein: Zwanzig Jahre bist du alt und schon Witwe. Wie stehst du jetzt in der Gesellschaft da, wirst du je auf eine Familie hoffen können?

Die Landschaft glitt an mir vorbei, ich hatte kein Auge für die Natur, die trotz Krieg ihre herbstliche Schönheit zeigte. Mir war kalt und es fröstelte mich – die Grausamkeit des Krieges war ganz dicht an mich herangetreten.

Während der Wochen in Bad Tölz und in den Tagen danach, als mein Vater zwei Zweigwerke der Kötitzer in Lauffen am Inn besuchen musste, versuchte ich, mit der Situation fertigzuwerden und zu entscheiden, was ich nun machen sollte. Meine Eltern standen mir bei, so gut sie konnten. In dieser Situation sind wir uns sehr nah gekommen. Wir redeten vor allem abends in der dunklen Stube über alles, auch darüber, wo Siegismund wohl genau gefallen war und ob ich ihn finden und heimholen könnte. Die Erkenntnis der Realität war grausam und erfüllt mich bis zum heutigen Tage.

Man kannte nicht den genauen Ort seines Sterbens und auch nach dem Krieg erfuhr ich durch

Nachfragen beim Roten Kreuz nichts Näheres, so sehr ich auch suchte. Schlimm war das Ganze bestimmt besonders für seine Familie, für seine Schwester Elisabeth, die ihre beiden Brüder fast zeitgleich verloren hatte. Und wie musste es erst für das Kind sein, das den Vater und nun den Onkel verloren hatte?

Bei der Wewi 3 wollte ich nicht bleiben, denn nun brauchte ich einen richtigen Beruf. Der Schutz durch die Heirat mit einem Offizier war dahin. Aber es gab einen anderen vielversprechenden Weg für mich. Da ich schon immer gerne Medizin studieren wollte, dies aber wegen meiner Heirat nicht durchführen konnte, entschieden meine Eltern, dass ich versuchen sollte, zum Herbstsemester zum Studium zugelassen zu werden. Als Kriegerwitwe hatte ich entsprechende Vorteile: Ich wurde sofort angenommen, brauchte keine Studiengebühren zu zahlen und hatte auch keine Schwierigkeiten bei der Immatrikulation. Wenn ich ehrlich bin, so war ich zu diesem Zeitpunkt froh gestimmt: »Das ist mein Traum, wissenschaftlich arbeiten, studieren, lernen, helfen können – das ist mein Weg.« So lenkte ich mich von meiner schwierigen Situation und den Kriegswirren ab.

Dazu kam als besonderer Glücksfall, dass meine Verwandten aus Halle an meine Eltern herantraten und fragten, ob sie bereit wären, meinen kleinen Vetter aufzunehmen und in Radebeul zur Schule gehen zu lassen, weil die Luftangriffe auf Halle und besonders auf Leuna von Woche zu Woche zunahmen. Wir wurden also »ausgetauscht«: Mein Vetter kam nach Radebeul und ich ging nach Halle. Dort hatte ich ein kleines, aber nettes Zimmer und wohnte bei Tante Leni und ihrer Haushilfe Hanna. Mein Onkel Walter war an der Front im Einsatz und wurde schmerzlich vermisst.

Meine Mutter war froh, wieder jemanden zum Versorgen zu haben, denn mein Bruder war inzwischen wirklich eingezogen worden, besuchte zwar noch den Schulunterricht im Gymnasium, lebte aber sonst als Flakhelfer in einer Kompanie oberhalb von Radebeul-Ost.

Kein leichtes Studium mit schwerem Einsatz im Krankenhaus Radebeul

Die folgenden Wochen vergingen für mich wie im Fluge. Ich setzte mich hinter meine Studien, um alles zu vergessen, was gewesen war, und vor allem auch, um den Anforderungen der Universität Halle gerecht zu werden.

Die ersten Tests und Prüfungen bewiesen, dass ich auf dem richtigen Wege war: Chemie, Physik, Biologie – unterteilt in Zoologie und Botanik – sowie Anatomie machten keine Schwierigkeiten. Ich konnte mit guten Noten glänzen. So sang ich oftmals auf dem Heinweg von der Universität zur Wohnung ein mich stärkendes Lied, setzte meine ausgebildete Stimme ein und beruhigte mich damit selbst. Dies habe ich in meinem späteren Leben immer so gehalten, meine Kinder haben mich oft summend oder singend erlebt.

Nach dem ersten Semester musste ich ein Praktikum ableisten und bewarb mich in Radebeul bei unserem früheren Hausarzt. Der hatte die Praxis inzwischen in jüngere Hände übergeben, und zwar an Dr. Rexroth, der gleichzeitig das Krankenhaus im Ort leitete. Ich habe anscheinend einen guten Eindruck hinterlassen, sowohl im Labor wie auch als Sprechstundenhilfe, weshalb er mich bat, beim nächsten Praktikum wieder auf ihn zuzukommen.

»Frau Meinhold, ich würde mich freuen, wenn Sie wieder zu mir kommen. Ich habe Ihre Arbeit sehr geschätzt.«

Ich hätte nie geahnt, dass dies so bald eintreten würde, denn die Kriegsereignisse wurden immer bedrohlicher. Plötzlich wurde jeder benötigt, der medizinische Kenntnisse besaß. In Halle hatten wir kaum eine Nacht ohne Fliegerangriffe. Wie oft mussten wir in die Luftschutzbunker fliehen und dort zusammengekauert abwarten, bis das hässliche Pfeifen der Bomben und Geschosse abgeebbt war.

Wir Jungsemester mussten daher nicht nur in Halle selbst helfen, sondern wurden auch in Merseburg und Leuna eingesetzt, um nach den Angriffen Verletzte zu bergen, Verschütteten zu helfen und Tote herauszuholen. Es war schrecklich, aber der Mensch hält viel aus und gewöhnt sich an die grausamsten Situationen.

»Was für eine furchtbare Arbeit«, stöhnte ich und tauschte mich mit meinen Kommilitonen aus. Das Reden miteinander, das Austauschen von unseren Erlebnissen half uns und stärkte uns gegenseitig. Zerfetzte Leiber, Menschen, die schrien oder nur noch stöhnten, das war das tägliche Bild, das ich vor Augen hatte. Manch tröstendes Wort, manche Geste konnte helfen, leider auch in den letzten Augenblicken eines Lebens.

Tagsüber fanden ebenfalls Angriffe statt, die wir aber nicht so ernst nahmen, denn meistens waren es Tiefflieger, die Kähne auf der Saale oder Lastwagen auf den Überlandstraßen ins Visier nahmen. Noch hielten sie sich von den Innenstädten fern.

Dafür lernten wir die Angriffe kennen, wenn wir außerhalb der Stadt zum Schieß-Training mussten. Dies war eine brandneue Vorschrift für die jüngeren Semester. Wir mussten mit Gewehren auf Scheiben schießen und eine Mindestpunktzahl erreichen, um unsere Studien weiter fortsetzen zu können. Welch entsetzliche Bedingung, die uns da gestellt wurde! Wenn wir die vorgegebene Punktzahl nicht schafften, mussten wir trotz guter Prüfungsergebnisse mit dem Ausschluss vom Studium rechnen. Eigentlich war diese Situation völlig absurd. Mediziner wurden mehr denn je gebraucht, aber das Schießen hatte Vorrang – es war Krieg.

Für mich waren die Schieß-Übungen die reine Tortur. Ich traf die Scheibe nie richtig und konnte auch mit dem Gewehr nicht umgehen. Ich sah mich schon der Universität verwiesen, denn neben den Professoren hatten sogenannte Obmänner, die von der Partei eingesetzt waren, das Sagen, und die kannten kein Pardon.

»Ich treff' einfach nicht«, seufzte ich leise vor mich hin.

»Aber geh, das ist doch nicht so schwer, lass mich mal«, hörte ich eine beruhigende Stimme neben mir. So fand ich einen netten »Schutzengel«: einen Studenten der Volkswirtschaft in einem höheren Semester, der Erbarmen mit meiner Unkenntnis hatte. Er schoss für mich, wenn gerade keiner hinsah, und so erreichte ich meine notwendige Punktzahl. Was für ein Glück!

Das waren Momente, die mich neben den täglichen Angstgefühlen etwas positiver stimmten. Ab und zu trafen wir uns auch außerhalb des Studiums und der Schieß-Übungen bei einem Kaffee in der Konditorei meiner Verwandten. So wurden wir Freunde, und ich hätte meinen »Helfer« in den Semesterferien auch gern meinen Eltern vorgestellt.

Aber meine Befürchtungen, die ich gleich nach der Todesnachricht von Siegismund gehabt hatte, bewahrheiteten sich nun. Ich fand nämlich mit meiner »Vorstellungs- und Kennenlernidee« absolut kein Echo bei meiner Mutter. Für sie war ich als Witwe von allen Fröhlichkeiten abgemeldet und von der Bekanntschaft mit anderen Männern sowieso. Auf diese Weise fand diese Verbindung ein baldiges Ende.

Ein anderer Schrecken jener Tage war der Einsatz der »Kleinen«, also der jüngeren Semester der Medizin bei den »Untersuchungstagen«. Das bedeutete die Vorführung und Abnahme von Abstrichen bei den Prostituierten, die natürlich Halle als Garnisonstadt zahlreich besaß. Ein Arzt der Hautklinik nahm als Assistenten zwei oder drei von uns Erstsemestern mit, damit wir halfen und die Eintragungen machten. Die ganze Atmosphäre aber war für uns, die wir bis dahin kaum von Prostitution gewusst hatten, so beschämend, dass sich jeder – wenn möglich – davor zu drücken versuchte, was aber leider nicht immer gelang.

»Frau Meinhold, heute haben Sie Dienst«, hörte ich die Stimme des Arztes und schlich ihm hinterher.

Viele dieser Momente habe ich verdrängt und nicht weiter darüber gesprochen, so, wie viele

Traumatisierte ihre Kriegserlebnisse in sich vergraben haben. Ich kann nicht mehr genau beschreiben, welche Verletzungen ich versorgt habe und welcher Mensch welches Leiden hatte, aber ich kann sehr wohl meine Gefühle in diesen Augenblicken beschreiben. Und diese Gefühle reichten von Ekel, Schmerz, Mitfühlen bis zu Angst und Ohnmacht.

Aber trotz aller nächtlichen Schrecken und täglichen Vorkommnisse waren die Hallenser Tage für mich sehr prägend. Tagsüber war ich sowohl in der Uni wie auch bei den Anatomiekursen voll eingespannt, während meine Tante Leni mit allen Kräften Onkel Walter in der Konditorei zu vertreten suchte, was ihr auch hervorragend gelang. Es gab zwar nicht mehr so viele verschiedene Torten wie früher, auch mussten die Kuchenmarken ständig gezählt und abgerechnet werden, aber es klappte trotzdem irgendwie. Wir Frauen waren stark, auch wenn man uns vieles nicht zugetraut hatte. So hat man später auch anerkannt, was für eine Riesenarbeit die »Trümmerfrauen« 1946 nach dem Krieg geleistet haben, als sie den Schutt der Städte weggeräumt haben. Sie bekamen sogar einen geringen Lohn dafür und mehr Lebensmittelkarten. Die Konditorei lief hervorragend und war ein lebhafter Treffpunkt für die Hallenser Bevölkerung und oftmals auch für uns Studenten. Die Preise konnten wir gerade noch verkraften.

Abends saßen wir in der großen Wohnung am Kachelofen, und ich erfuhr aus genauer Quelle sehr viel über meine Vorfahren, insbesondere über die »Wünschefamilie« – ein Punkt, der von Seiten meiner Mutter mehr oder weniger totgeschwiegen worden war. Meine Tante Leni erzählte mir von meiner Mutter und ihrem Schicksal und mir wurde klarer, warum sie hierüber nichts erzählt hatte. Es war einfach ein gesellschaftliches Problem, dass Adoptierte nicht so anerkannt waren wie leibliche Kinder.

Die große Wohnung meiner Verwandten war nicht mehr vollständig in ihrem alleinigen Besitz; sie hatten die Frau des Bruders von Tante Leni mit zwei Kindern aufnehmen müssen, die nun den vorderen Teil der Wohnung belegten. Insbesondere die größere Tochter mit ihren vier Jahren litt ungemein unter den Luftangriffen. Wenn die Sirenen anfingen zu heulen, schrie sie wie am Spieß.

»Beruhige dich doch«, flehte ich sie an. »Man hört dich ja überall.« Schließlich konnte man sie nur packen und in den Keller bringen, wo wir allmählich ein vollständiges Nachtlager einrichteten, damit die Kinder wirklich zum Schlafen kamen. In dem großen Luftschutzkeller traf sich dann das ganze Haus – mehr oder weniger mit einem Koffer – und hoffte, dass die Nacht gut vorüber gehen würde.

Oftmals war dies nicht der Fall. Dann mussten wir nach oben auf den Oberboden, um zu sehen, ob auch unser Haus von Brandbomben getroffen worden war, ob es irgendwo schwelte oder gar ein Feuer ausgebrochen war. Damals lernte ich, mit nur wenigen Stunden Schlaf auszukommen, oftmals mit Hilfe einer Zigarette oder mit Pervitin-Tabletten, denn auch das Lernpensum musste geschafft werden.

Pervitin war eine Droge, mit der auch deutsche Soldaten an der Front versorgt wurden. Sie dämpfte das Angstgefühl und steigerte die Leistungs- und Konzentrationsfähigkeit.

Weihnachten konnte ich zu Hause in Radebeul verbringen, um in den wenigen Tagen nochmals in der Praxis von Dr. Rexroth zu arbeiten. Damit erfüllte ich nicht nur den Wunsch des Arztes, erneut bei ihm ein Praktikum zu machen, sondern konnte auch meine praktische Tätigkeit von drei Monaten nachreichen. Meine Eltern waren ziemlich entsetzt, als sie mich wiedersahen.

»Mensch, Mädel, bist du dünn geworden. So geht das nicht weiter. Schau dir den Hans Günter an!«

Ich hatte einfach durch die Strapazen des Studiums und der diversen Einsätze ziemlich an Gewicht verloren, während mein kleiner Vetter von seiner »Tante Mille« gut herausgefüttert worden war. Aber da wir alle nicht gerade mit vielen Pfunden gesegnet waren, fiel uns das unter dem Semester gar nicht auf.

Im Frühjahr – wir hatten damals sogenannte Trimester, also drei Abschnitte in einem Jahr – fanden dann bereits die ersten Prüfungen für das Vorphysikum statt, die ich erfolgreich hinter mich brachte. Meine Eltern waren über die »Sehr gut« in Biologie, Physik und Zoologie entzückt, und das »Gut« in Chemie war auch zu verkraften. Es war fast wie früher. Nun sollten die nächsten Semester folgen, damit wir allmählich nach den restlichen Prüfungen des Vorphysikums ins praktische Medizinleben in den Kliniken einsteigen konnten.

Die Semesterferien verbrachte ich wieder in Radebeul, zunächst als Sprechstundenhilfe bei Dr. Rexroth. Er setzte mich dann allerdings vorwiegend in seinem Radebeuler Krankenhaus im Labor ein, weil Laboranten fehlten. Diese Tätigkeit machte mir sehr viel Freude, denn ich arbeitete an einer Untersuchung von Leber- und Gallenerkrankungen, die ich in großen Tabellen im Einzelnen zu untersuchen hatte. Immer deutlicher merkte ich meine Leidenschaft für die Medizin, doch leider sollten der Krieg und die Zeit danach es verhindern, vollends in diese Materie einzudringen.

Ehe wir jedoch zu Beginn des neuen Trimesters unsere Universitätsstudien wieder aufnehmen konnten, traf uns ein Befehl des Reichsärzteführers: »Sämtliche Semester mit Ausnahme der Prüfungssemester (9. und 10. Semester) müssen sofort in Rüstungsfabriken eingesetzt und die Universitäten geschlossen werden.« Fassungslos saß ich vor dem Empfangsgerät. Ist mein Studium jetzt zu Ende? War alles umsonst?, fragte ich mich.

Mein Vater versuchte mich zu trösten: »Du wirst bestimmt, wenn alles vorbei ist, wieder an die Uni zurückkehren können.« Der Ton in seiner Stimme stimmte mich wenig hoffnungsvoll. Eines war sicher: Praxiserfahrung würden wir bekommen, aber unter welchen Umständen und Bedingungen? Ich fror am ganzen Körper. Wir erfuhren, dass unsere männlichen Kollegen wieder an die Front geschickt wurden oder zum Heimateinsatz kamen. Die Studentinnen warteten auf ihre Einsatzbefehle, also auch ich.

In dieser Situation erinnerte ich mich an Dr. Rexroth, der einen solchen Fall offenbar bereits vorausgesehen und mir bei meiner Verabschiedung gesagt hatte, dass ich jederzeit wieder in sein Krankenhaus als Hilfe kommen könne.

Ich griff zum Telefonhörer und rief ihn an. »Kann ich in Ihrem Krankenhaus eingesetzt werden? Das würde mir sehr helfen«, flehte ich.

Er verstand sofort. »Klar, Frau Meinhold, Sie wissen, wie sehr ich Ihre Arbeit schätze.« Daher bekam ich einen sofortigen »Marschbefehl« nach Radebeul.

Meine Tante Leni war nicht erbaut über diese Entwicklung. »Das ist aber gar nicht schön, du hast mir doch vieles abgenommen, und ich bin nicht mehr die Jüngste.« Doch dann fuhr sie fort: »Auf jeden Fall ist es gut, dass du nicht in eine Munitionsfabrik musst.« In der Tat, ich hatte ihr doch allerhand an Arbeit besonders am Abend und in den Bombennächten abnehmen können. Doch jetzt ging der Einsatz in Radebeul vor.

Also rückte ich anstelle der Prüfungen ins Krankenhaus Radebeul ein und wurde dort, da es sowohl an Schwestern wie auch an Ärzten mangelte, voll integriert. Mein Chef, Dr. Rexroth, vertrat den Standpunkt, dass man nicht auf der Universität, sondern im praktischen Einsatz das Operieren und auch das Führen einer Station lernen könne. Mir machte diese Tätigkeit sehr viel Freude und ich kam mit den übrigen Schwestern bestens aus, besonders, da ich auch zu dem absolut ungeliebten Nachtdienst mit eingesetzt wurde. Da ich bereits das Spritzengeben gelernt hatte, wurde ich auch zu allen Labortätigkeiten

Erich Menzel in Uniform

herangezogen und lernte in dieser Zeit sicher mehr, als ich auf der Universität gelernt hätte.

Mein geliebter Opa Meister war leider inzwischen an Prostatakrebs erkrankt, eine operative Chance bestand nicht mehr, und er litt so sehr unter Schmerzen, dass es oft schwer mit anzusehen war. So kam ich jeden Abend nach meinem Krankenhausdienst in die Schlageterstraße – jetzt heißt sie wieder Winzerstraße. Ich konnte aus der Klinik Morphium bekommen, das ich ihm zur Linderung seiner Schmerzen spritzte. So wurde seine Krankheit erträglicher, auch wenn es für uns alle schwer war, ihn leiden zu sehen. Leider konnte ihm niemand mehr helfen und er starb im August.

Es war für meinen Vater eine schlimme Zeit und ein schrecklicher Verlust, stand er doch in all den Jahren seinem Vater am nächsten. Auch seine Gesundheit ließ in jener Zeit sehr zu wünschen übrig. Ich machte mir um ihn große Sorgen, fühlte ich mich ebenso meinem Vater am allermeisten in meiner Familie verbunden.

Opa Meister wurde auf dem Friedhof der Friedenskirche in Radebeul 2 beigesetzt. Meine Großmutter Louise Meister blieb im Haus in der Schlageterstraße wohnen, wo auch die Familie meines verstorbenen Onkels Herbert, dem Bruder meines Vaters, noch wohnte, ohne dass allerdings ein enger Kontakt zwischen dem Erdgeschoss und dem ersten Stock bestand. Aber meine Großmutter wollte das Haus, obwohl es nur gemietet war, nicht aufgeben, und ist auch deshalb später nicht mit uns nach Siebenlehn gegangen.

Mein Bruder war immer noch als Flakhelfer in einer Stellung am Waldrand von Radebeul tätig, hatte zwar vormittags Schulunterricht, aber sonst war er nicht mehr daheim. Wir besuchten ihn immer an Sonntagen und hofften, dass dann keine Luftangriffe stattfinden würden, die ihn zu den Geschützen riefen. Für meine Eltern war es eine gewisse Beruhigung, dass er noch nicht zum Fronteinsatz abgerufen worden war, obwohl dieses Damoklesschwert ständig über ihm und seinen Kameraden hing. Aber bislang gehörte seine Flakabteilung noch zum sogenannten Dresdner Verteidigungsring.

»Wollen wir hoffen, dass er nicht an die Front gerufen wird,« meinte meine Mutter, die sich immer um ihren Buben sorgte.

Da unterbrach mein Vater sie: »Schaut mal, wer da kommt, Nachhilfe braucht doch unser Sohn gar nicht mehr«, schmunzelte er. Denn während eines Besuchs bei meinem Bruder im Mai 1944 trafen wir völlig überraschend auf den seit der Tanzstunde und den Nachhilfestunden bei meinem Bruder so vertrauten, nunmehr zum Oberleutnant beförderten Erich Menzel.

Wir hatten uns seit meiner Verheiratung aus den Augen verloren. Die Überraschung war beiderseits: Er sah mich in Trauerkleidung und erfuhr, dass ich inzwischen Kriegerwitwe war – und ich traf in meiner neuen Lage als Studentin der Medizin und nunmehr im Krankenhaus Beschäftigte auf einen Menschen, der in mir alle schönen Erinnerungen aus den Vorkriegstagen wieder wachrief.

Wir setzten uns ab und redeten stundenlang miteinander, um der Vergangenheit gerecht zu werden, um die augenblickliche Lage zu bewältigen und um ein wenig in die Zukunft zu sehen. In mir kam ein kribbelndes Gefühl hoch, das ich verdrängt hatte und an das ich kaum noch glauben konnte. Ich war verliebt, wie ich es noch nicht erlebt hatte. Es war ein neuer Anfang. Wir telefonierten, so oft wir konnten, wir schrieben uns täglich Briefe. Und wir merkten bald, dass zwischen uns ein Band entstand, das sich nicht mehr lösen sollte, wenn, ja, wenn der Krieg gut ausginge für uns. Eine neue Liebe begann, auch wenn die Zeit alles andere als günstig dafür war. Aber eines hatte ich gelernt: Man soll die Hoffnung nie aufgeben und immer positiv denken – das hat mir immer in meinem Leben geholfen. Und ich erinnerte mich an meine Hochzeit, an das Bild mit den Brautführern, an meinen Eindruck, dass der eine Brautführer etwas »säuerlich« geschaut hatte – ja, das war genau dieser Erich gewesen.

Mein Mut wuchs: Ich besuchte Erich in Werneuchen, jenem Ort, wo er seit 1943 stationiert war. Dies mit allen Imponderabilien, die ein solcher Besuch damals mit sich brachte.

»Bist du dir klar darüber, was du tust? Aber du musst es selbst wissen, du bist alt genug.«

So fuhr ich mit den warnenden Worten meines Vaters nach Werneuchen. Unter möglicher Umgehung der neugierigen oder auch missbilligenden Augen des Stützpunktpersonals, stahlen wir uns praktisch 24 Stunden ganz für uns. Und wir wurden uns in den kommenden Wochen unserer Gefühle immer sicherer. Auch wenn stets die Furcht präsent war, dass der Krieg uns einen Strich durch die Rechnung machen würde.

Und schon kam eine Bremse in unsere Überlegungen für die Zukunft, denn eines Tages teilte mir Erich mit, dass er für ein Sonderkommando ausersehen sei, dessen Ausgang mehr als unsicher war. Und dennoch wussten wir, dass wir – wenn wir gesund den Krieg überstehen sollten – danach als Erstes heiraten wollten. Denn noch während des Krieges kam das nach unseren bisherigen Erfahrungen nicht in Betracht.

In dieser Gewissheit lernte ich auch die Eltern Menzel kennen, bei denen ich rasch heimisch wurde.

Der Vater arbeitete bei der Bank, die Mutter war etwas kränklich und schüchtern, aber sehr lieb. Es gab auch noch eine Schwester, die sich immer wieder gerne mit ihrem Bruder hakelte.

Die folgenden Monate waren für mich wunderschön, da Erich relativ häufig auf Kurzurlaub kommen konnte und wir alle Stunden, die uns blieben, nutzten. Meist holte er mich vom Krankenhaus ab, wo ich immer mehr eingespannt war. Dann gingen wir spazieren, verpassten oft die letzte Straßenbahn, die wegen der Verdunklung häufig gar nicht mehr fuhr, sodass ich auf der Lenkstange von Erichs Fahrrad nach Hause gebracht wurde.

»Du, fahr vorsichtig!«, schrie ich, als ich merkte, dass die Straße im Winter ziemlich glatt war. Es half nichts, wir sind in den ersten Schneetagen immer wieder in die Straßenbahngleise gekommen und ich bin recht unsanft im Schnee gelandet. Aber dennoch haben wir die gemeinsamen Stunden unendlich genossen.

Die Schwestern in der Klinik spähten oft aus den Fenstern, wenn ich abgeholt wurde. Sie waren aber so kameradschaftlich, dass sie meine entsprechende Freizeit deckten und mir zum Teil sogar meine Abwesenheit ermöglichten.

Die Arbeit im Krankenhaus wurde immer umfangreicher. Das Personal wurde spärlicher, die letzte Ärztin neben dem Chef – eine Lettin – wurde eingezogen. Ich erhielt eine Station zur Betreuung und wurde bei allen Operationen mit eingesetzt, sodass ich daheim nur noch Gastrollen geben konnte.

Erichs Eltern Lina und Willy

Wir waren auf Geheiß der Reichsärztekammer auch eine der wenigen »Abtreibungskliniken« für die russischen und polnischen Arbeiterinnen, die in der Dresdner Industrie beschäftigt waren. Das war eine Tätigkeit, die wir nur »auf Befehl« verrichteten, freiwillig hätten wir diese Operationen nicht durchgeführt, liefen sie doch dem Eid des Hippokrates völlig entgegen.

Das gleiche Gefühl beschlich mich wie vor einiger Zeit, als wir Abstriche bei den Prostituierten in Halle machen mussten. Es war eine Mischung aus Ekel und Mitleid. Und immer wieder fragte ich mich, ob ich das durchhalten würde. Das war nicht das Ziel, als du Ärztin werden wolltest, sagte ich zu mir. Doch immerhin hatten die betreffenden Frauen die Gewissheit, dass sie ärztlich, steril und sorgfältig versorgt wurden. Für uns, die Studenten, Ärzte und Schwestern, war die Durchführung der Schwangerschaftsabbrüche immer eine Qual, sodass die letzten Schnapsvorräte meines Vaters oftmals in die Klinik wanderten, so übel war uns bei und nach diesen Operationen.

Der Herbst zog ins Land. Eine Zeit, die für meine Eltern sehr schwer wurde. Mein Bruder wurde überraschend zum Regiment »Großdeutschland« in die Lausitz versetzt und für einen Transport nach Russland ausgebildet und vorgesehen. Leipzig und Halle wurden erneut von Bombengeschwadern angegriffen. Dabei kamen enge Freunde meiner Eltern ums Leben. Das schockte alle erneut und ließ uns spüren, wie grausam und unsinnig dieser Krieg war.

Die russische Front wankte, von einigen Bekannten, auch vom Mann meiner Tante, die mit drei kleinen Kindern bei meinen Großeltern nach den Bombennächten von Stuttgart Zuflucht gesucht hatte, fehlte von der Ostfront jede Nachricht. Die Amerikaner waren über England im Westen gelandet, die Bombenangriffe auf Mitteldeutschland nahmen zu. Die Stimmung schwankte zwischen Verzweiflung und Hoffnung darauf, dass es bald besser werden würde, aber daran war eigentlich nicht zu denken. In dieser Zeit habe ich viel gebetet, mein evangelischer Glaube half mir sehr. Und ich hatte so manches Mal einen Schutzengel.

Wir hatten nämlich im Krankenhaus darunter zu leiden, dass Tiefflieger zu allen Zeiten Zivilisten auf den Straßen und Flüssen angriffen, sodass wir auf dem Weg ins Krankenhaus oftmals unter Hecken oder im Straßengraben Schutz suchen mussten. Das kann man sich nicht vorstellen: Man geht ganz normal auf der Straße, hört plötzlichein zischendes Geräusch und sieht ein Objekt sich nähern. Etwas, das immer weiter heruntersinkt, auf einen gerichtet ist und einen verfolgt. Lähmende Angst schießt ein, dann wird aus der Lähmung der Fluchttrieb und man rennt um sein Leben. Oftmals bin ich dann einfach unter einer Hecke sitzen geblieben, bis das Zittern meines Körpers langsam aufgehört hat.

Auch die Elbfischer brachten uns immer häufiger Verletzte, die auf den Elbkähnen von Tieffliegern verwundet worden waren. Junge Männer, die vor Schmerzen schrien oder in Panik nach ihrer Mutter riefen. Für mich die schlimmsten Eindrücke. Wir taten, was wir konnten. Ich rannte oft von Zimmer zu Zimmer, versuchte alles, was ging, musste aber dennoch immer wieder »verlieren« und erleben, dass mir ein Mensch unter den Händen wegstarb. Auch wenn das schon öfters passiert war, so war es jedes Mal wieder ein entsetzliches Gefühl. Hatte ich doch bereits selbst die Erfahrung gemacht, wie es war, einen nahestehenden Menschen zu verlieren.

Dazu kam die immer schlechter werdende Ernährungslage. Oftmals wussten wir nicht, wie wir unsere Patienten satt bekommen sollten.

»Dem Führer gilt unser Vertrauen. Wir werden siegen, alle machen mit und es wird gelingen«, so tönte es aus den Rundfunkempfängern. Und dies all den Tatsachen zum Trotz. Aus dem Radio dröhnten die Siegesparolen, an die schon keiner von uns mehr glauben wollte.

Aber sagen durften wir nichts – die »Goldfasane« waren überall, auch im Krankenhaus, um zu verhindern, dass sich eine gegen das Regime gerichtete Stimmung breitmachte. Nur daheim und im engsten

Freundeskreis konnte man noch seinen Gedanken Ausdruck verleihen. Der Begriff »Goldfasan« wurde damals abwertend für die NSDAP-Funktionäre verwendet. Er bezieht sich ironisch auf die Kleidung der obersten Titelträger der NSDAP und einiger Parteigliederungen, die in der Kombination Braun mit »Lametta« an einen Goldfasan erinnerten.

Die allseits schlechte Lage drückte auch auf die Stimmung bei Erichs letztem Urlaub zu seinem 24. Geburtstag, den wir bei seinen Eltern verlebten. Wir beide litten unter dem Abschied, weil keiner von uns beiden wusste, ob, wann und wo wir uns wiedersehen würden. Der Gedanke, dass etwas Schlimmes passieren könnte, schnürte mir die Kehle zu. Und unser Appetit war nicht groß, eher »spatzenmäßig« haben wir gegessen. Auch seine Eltern, vor allem seine geliebte Mutti, waren am Rande ihrer Beherrschung.

»Hier, nimm dieses Medaillon, es soll dich beschützen«, sagte seine Mama zu Erich. Er hat es immer bei sich getragen – bis an sein Lebensende – und es hat ihn wohl behütet.

Obwohl ich selbst stark beeinträchtigt war durch das ständige Abschiednehmen, durch die Sorgen in der Familie, so mussten wir doch für unsere Kranken im Krankenhaus ein wenig Fröhlichkeit verbreiten, damit sie wieder auf die Beine kamen. Das ist uns sehr schwergefallen, dieses Vorspielen von guter Laune, aber dennoch haben wir es so gemacht.

Ein letzter Telefonanruf von Erich kam Anfang Februar 1945 noch während meines Nachtdienstes im Krankenhaus an.

»Pass auf dich auf!«, sagten wir uns gegenseitig und beschworen unsere Liebe. Es waren schlimme, wenn auch sehr innige Momente. Dann war Funkstille. Wann würde ich wieder von ihm hören?

Abends hörten wir immer an den Empfängern die Meldungen der Bombenangriffe. Und da ganz Deutschland weiterhin in Planquadrate eingeteilt war, gab das Radio ständig die Annäherungen der Bombengeschwader bekannt, damit alle rechtzeitig in die Luftschutzbunker kommen konnten. Es schien kein Ende zu nehmen.

Tausende Bomben fallen auf Dresden – eine Horrornacht

Der 13. Februar 1945 war ein ganz normaler Arbeitstag gewesen, doch dann kam das Inferno.

Im Radio wurden erstmals die Planquadrate für Dresden durchgegeben, das bisher vom Luftkrieg verschont geblieben war. Man munkelte schon, die Elbmetropole als Kunststadt würde den Bombenkrieg unbeschadet überstehen oder wichtige Engländer oder Amerikaner hätten ein besonderes Interesse daran, Dresden zu verschonen.

Zerstört wurde die Altstadt aber in einer einzigen Nacht: vom 13. Februar auf den 14. Februar 1945. Bereits wenige Tage später begannen die Nationalsozialisten damit, die Katastrophe politisch zu instrumentalisieren.

In den Jahren nach dem Zweiten Weltkrieg begann eine Debatte um den »Mythos Dresden«. Den einen galt die Stadt als »deutsches Hiroshima«, andere hielten ihre Zerstörung für einen legitimen Vergeltungsschlag der Aliierten. Dennoch bleibt die Frage, warum ausgerechnet die weltberühmte Barockstadt wenige Wochen vor Kriegsende zum Ziel eines so verheerenden Luftschlages wurde. Welchen militärischen und politischen Nutzen versprachen sich Briten und Amerikaner von der planmäßigen Vernichtung der Dresdner Altstadt? Dass Deutschland den

Krieg verlieren würde, war zum Zeitpunkt der Bombardierung klar. Doch die »großen Drei« – Churchill, Roosevelt und Stalin – beschlossen auf der Konferenz von Jalta die Strategie des »Moral Bombing«, also Chaos im feindlichen Hinterland zu stiften, um die deutsche Zivilbevölkerung kriegsmüde zu machen.

Was uns anbetraf, so hörten wir das Heulen und spürten geradezu körperlich die Gefahr. Dieses Mal drehten die Flugzeuge von »Marta/Heinrich« – also dem Planquadrat für Leipzig – nach »Marta/Ludwig« ab, anstatt wie bisher nach Berlin weiterzufliegen. Und das bedeutete einen Angriff auf Dresden.

Dort ertönte um 21.45 Uhr der Fliegeralarm. Es war Faschingsdienstag. Als der Alarm losging, war ich daheim in Kötzenbroda bei Radebeul, also in einer gewissen Entfernung von Dresden. Wir lagen alle schon im Bett, der Tag war anstrengend gewesen. Sofort rannten einige Hausbewohner in den Luftschutzkeller, wusste man doch nicht, ob unsere Gegend nicht auch betroffen sein würde. Auch meine Mutter und mein Bruder flohen in den sicheren Bunker. Ich aber stand mit meinem Vater auf dem Dach unseres Hauses.

»Siehst du das?«, fragte ich.

»Ja«, meinte er und seine Stimme zitterte. »Da wird kein Stein auf dem anderen bleiben.« Er legte seinen Arm um mich, das war ein wenig tröstlich.

Vom Dach unseres Hauses konnten wir sehen, wie Hunderte von sogenannten »Christbäumen«, das waren Beleuchtungsbomben, die die Stadt für die Spreng-, Phosphor- und Brandbomben erhellen sollten, auf Dresden niedergingen und die Stadt taghell erleuchteten.

Und dann kamen Bombengeschwader über Bombengeschwader. Dresden wurde von den sich schnell ausbreitenden Bränden erleuchtet, wir konnten die Rauchschwaden noch in Radebeul riechen. Und noch immer rollte Angriff auf Angriff. Wir konnten vor Angst kaum sprechen. Viele unserer Freunde lebten in Dresden. Außerdem war die Stadt voller Flüchtlinge, die aus dem Osten vor den Russen geflüchtet waren, in Dresden Unterschlupf gesucht hatten und aus Mangel an Wohnraum in Notunterkünften in den Tunnels der Dresdner Bahnhöfe schliefen, bis sie einen Zug zur Weiterfahrt in die weiter westlich gelegenen Städte bekamen.

Wie würde Dresden nach diesem Angriff aussehen? Es war unfassbar. Die Feuer waren weithin zu sehen, der Himmel war brandrot und selbst das fürchterliche Geräusch der Feuerstürme konnten wir auf unserem Hausdach noch hören.

Eine Freundin, die im Zentrum von Dresden lebte, schilderte mir diesen Moment so: »Als die Angriffe losgingen, rannte unsere ganze Familie in den schützenden Keller. Dort harrten wir mit den übrigen Hausbewohnern aus und warteten darauf, dass der Luftangriff vorüberging. In der ersten Angriffswelle wurde das Wohnhaus meiner Eltern noch verschont, doch später in der Nacht, gegen 1.30 Uhr, fielen weitere Bomben. Der zweite Angriff war viel schlimmer. Und dann kam diese gelbe Flüssigkeit durch unsere Kellerfenster herein. Ich wusste nicht, worum es sich handelte. Wir schrien alle auf und rannten hinaus, denn im Keller war es nicht mehr sicher. Wir eilten nach draußen und zur Elbe. Wir sahen, dass die Frauenklinik bereits in Flammen stand. Eine Bombe hatte den Keller zerstört, in dem die Mütter Schutz gesucht hatten. Da sind einige Frauen umgekommen. Jeder dachte: Ans Wasser, Luft!«

Noch während der Bombenwellen klingelte mein Nottelefon.

»Kommen Sie schnell in die Klinik. Wir brauchen Sie dringend!« Also fuhr ich sofort ins Krankenhaus.

Wir waren eines der Notkrankenhäuser geworden, da sämtliche verfügbaren Dresdner Krankenhäuser brannten oder zerstört waren und selbst die verfügbaren Rettungsstationen in Dresden allesamt ausgefallen waren. Die einigermaßen gehfähigen Patienten wurden mitten in der Nacht nach Hause geschickt, alle zusätzlichen Zimmer in Krankenzimmer umgeräumt, auch die Gänge und Nebenräume erhielten, soweit wie möglich, Decken und Matratzen. Aber auf das, was nun auf uns zukam, waren wir nicht vorbereitet.

Verletzte kamen in Scharen, auf allen möglichen Gefährten wurden sie herangekarrt, Brandverletzungen in ungeahntem Ausmaß, Splitterwunden, aber auch so schwer Verletzte, denen wir ansahen, dass sie den nächsten Morgen nicht erleben würden. Schreie ertönten, Rufe wurden laut:

»Kommen Sie hierher, nein, zuerst in den Kreißsaal.« Da waren Frauen, bei denen der Schock eine Frühgeburt ausgelöst hatte, und wir mussten inmitten dieses Höllensturms einem neuen kleinen Erdenbürger ans Licht der Welt verhelfen. Auch – und das war besonderes tragisch – bei sterbenden Müttern.

Wir arbeiteten wirklich bis zum Umfallen. Dazu kamen die grauenvollen Berichte aus Dresden. Von Menschen wurde berichtet, die bis zur Brotgröße verbrannt waren, von Verschütteten, die aus Kellern schrien und nicht geborgen werden konnten. Alles ging kaputt, Kirchen und Häuser waren ausgebrannt und schließlich eingestürzt, darunter die Kreuzkirche und die Frauenkirche. Mein Mann und ich haben später Geld gespendet, um den Wiederaufbau der Frauenkirche zu unterstützen. Es gab sogar Uhren mit einem kleinen Stück »Frauenkirche«, jedes unserer drei Kinder hat eine solche geschenkt bekommen. Sie sollten sich daran erinnern: Nie wieder so einen Krieg!

Die gesamte Innenstadt von Dresden war nicht mehr erreichbar, in ihr wüteten die Flammen. Und selbst auf die Elbwiesen, auf die sich Hunderttausende geflüchtet hatten, fielen die Bomben des zweiten Angriffs, der im Abstand von einigen Stunden auf die Stadt niederging. Und bei uns wuchs die Anzahl der Verletzten immer weiter, bei vielen ließ der Schock über das Geschehene die eigentlichen Verletzungen gar nicht mehr erkennen. Den Schwerstverletzten konnten wir nur sehr bedingt helfen oder nur noch ihre Schmerzen lindern. Mein Chef und ich operierten pausenlos, um möglichst vielen zu helfen. Und doch hatten wir dabei immer vor Augen, dass vielen nicht mehr zu helfen war. Die

Sanitäter aus Radebeul mussten mehr Tote in die Leichenhallen bringen, als wir je geahnt hatten.

Unter den Verletzten waren viele Kinder mit zum Teil schweren Brandverletzungen, die vor Schmerzen schrien und weinten. Wir wussten kaum mehr, wo wir zuerst anfangen sollten. Auch wurden sowohl das Verbandmaterial, mit dem wir sowieso nicht gesegnet waren, und die Schmerzmittel knapp. An Nachschub irgendwelcher Art war überhaupt nicht zu denken, wir arbeiteten mit allen möglichen Hilfsmitteln.

Und zwischendurch dachte ich: Was wird mit meinem Erich sein? Was wird werden? Hoffentlich geht es meinen Eltern und meinem Bruder gut? Die Sorge um die Liebsten durfte nicht viel Raum einnehmen, zu entsetzlich war die akute Situation.

Der nächste Vormittag brachte dann einen erneuten Bombenangriff auf Dresden, das immer noch brannte, jetzt aber von Hunderten großer Sprengbomben erneut verwüstet wurde. Die Altstadt war zu hundert Prozent zerstört, die Außenbezirke teilweise, aber keiner konnte die Anzahl der Toten ermessen, die unter den Trümmern noch liegen mussten. Man hat sie bis heute nicht genau feststellen können.

Und dann konnten wir nicht mehr. Müde, verzweifelt, traurig, unfähig, noch einen klaren Gedanken zu fassen. In der nächsten Nacht mussten wir einfach unseren gestressten Körpern Tribut zollen und wenigstens ein paar Stunden neben dem Operationssaal auf Matratzen schlafen, um dann weiterarbeiten zu können.

Nach vier Tagen konnten wir uns endlich einen gewissen Überblick im Krankenhaus verschaffen.

»Wir können jetzt einigermaßen durchblicken«, sagte ich zu Dr. Rexroth, der auch schon ganz grau im Gesicht war, sein Kittel schlotterte um seinen Körper. Auch mir war elend zumute, eigentlich war mir die ganze Zeit schlecht.

Die Toten haben wir kaum zählen können, die uns unter den Händen wegstarben oder bereits tot gebracht wurden. Die Schwerverletzten lagen Bett an Bett, Matratze an Matratze in allen Zimmern, und wir konnten nicht sagen, wie viele von ihnen die nächsten Tage überstehen würden.

Nach über acht Tagen konnte ich mich einmal für zwei Stunden freimachen und nach meinen Eltern sehen. Dabei erfuhr ich, dass mein Bruder daheim erschienen war. Ihn hatte man wegen einer Lungeninfektion – eine offene »TBC-Kaverne« – von seinem Regiment nach Coswig in eine Lungenheilstätte überstellt. Diese war wegen der Aufnahme von Verletzten aus Dresden kurzfristig geschlossen worden und man hatte die Kranken, die in der Umgebung von Coswig daheim waren, nach Hause entlassen.

»Eine Kaverne ist eine pathologische Veränderung des Lungengewebes, die im Rahmen einer Tuberkulose beobachtet werden kann. Es handelt sich um Hohlräume, die durch Verflüssigung größerer Nekroseherde entstehen«, erklärte ich meinen Eltern. Ich war froh, dass mein Bruder trotz Krankheit daheim war und er nach einiger Zeit dennoch für sie eine Hilfe und Unterstützung bedeutete.

Gott sei Dank wurde er langsam wieder gesund. Ich konnte zu dem Zeitpunkt nicht daheim helfen, da ich mich nicht für längere Zeit vom Dienst im Krankenhaus entfernen konnte. Mein Vater war inzwischen mit einem Werksangehörigen der Kötitzer Ledertuch- und Wachstuchwerke bis an die Grenze von Dresden-Neustadt vorgedrungen, hatte aber von unseren Verwandten und Freunden nichts erfahren können, da ein Zugang zur Altstadt unmöglich war.

Die Bilder, die er während dieser Stunden erlebt hatte, waren so grauenvoll, dass es ihn an den Rand der Verzweiflung gebracht hat. Als ich ihn einmal fragte, was er gesehen habe, schüttelte er nur den Kopf: »Das kann ich dir nicht sagen, ich habe es verdrängt.«

Ich glaubte ihm nicht, aber so war es, die Menschen hatten ihr Trauma und haben darüber nicht mehr gesprochen. Nur die Nächte, in denen sie hochschrecken, sind ihre Zeugen. Im Übrigen ging es auch mir wiederholt so. Eine psychologische Aufarbeitung, so wie es sie heute gibt, war damals undenkbar.

Und wenn ich gewusst hätte, in welcher Situation mein Erich sich gleichzeitig befand, dann hätte ich diese Stunden nicht durchgestanden. In seinen Memoiren schreibt er, dass er zur gleichen Zeit im U-Boot auf dem stürmischen Meer war und nicht wusste, ob das Boot in Schusslinie geraten würde oder nicht. Doch davon wusste ich nichts.

Erst Tage später, als die Brände in Dresden langsam aufhörten, war es möglich, Kontakte aufzunehmen.

Das Glück gibt es doch immer wieder. So haben wir die Freunde in der Neustadt Gott sei Dank gesund angetroffen, die Wohnungen waren jedoch durch Brandbomben entsprechend zugerichtet. Auch die Verwandten in Dresden-Leubnitz lebten, wenn auch da die Häuser teilweise ohne Dach und mit Splitterschäden dastanden. Nur von den Freunden, die in der Mitte der Altstadt gelebt hatten, haben wir nichts erfahren und auch in den letzten Kriegsmonaten nichts von ihnen gehört.

Erst viel später erfuhren wir, dass die Frau beim Bombenangriff ums Leben gekommen und ihr Mann daraufhin mit seiner Tochter aus Dresden weggezogen war. Wo er und seine Tochter lebten, haben wir leider nicht erfahren, und die Verbindung zu ihnen ist nach dem Krieg nicht mehr geknüpft worden. Auch die Verbindung zu meinen Klassenkameradinnen ging durch das Desaster verloren und wurde erst viel später wieder aufgenommen. Leider haben sich nur wenige nach dem Krieg wiedergesehen.

Für uns ging in der Klinik die Arbeit weiter. Das Schwesternheim in der Winzerstraße wurde teilweise in Krankenzimmer umfunktioniert. Die Schwestern rückten zusammen, und so konnten wir dort eine Kinderabteilung einrichten. Für die Kleinen war es besonders schlimm. Viele waren allein eingeliefert worden, denn oft waren die Angehörigen, mit denen sie kamen, so schwer verletzt, dass sie nicht ansprechbar waren oder gar gleich verstarben. Wir organisierten also für sie Spielzeug, egal, woher wir es bekommen konnten.

Zu meiner Mutter sagte ich: »Such bitte alles zusammen, was wir noch an Spielsachen haben. Es wird so dringend gebraucht.« So sind meine geliebten Teddybären in jener Zeit ins Krankenhaus gewandert, um die Kindertränen zu stillen. Aber es war leider nur ein Tropfen auf den heißen Stein!

Nach acht Tagen wurde ein erster Transport zusammengestellt, die einigermaßen gesunden Kinder und Erwachsenen wurden in einen Lastwagen in Richtung Leipzig verfrachtet, um in den Krankenhäusern rund um Döbeln und Grimma weiter versorgt zu werden. Ein anderer Transport ging nach Bayern. Von allen haben wir nichts mehr gehört. Gebe Gott, dass sie alles gut überstanden haben und in Bayern eine Bleibe fanden.

Daheim gab es noch folgende Szene:

»Vati, da gibt es einen süßen blonden Jungen. Er ist zwei Jahre alt und seine Eltern sind bei dem Bombenangriff umgekommen. Können wir den nicht bei uns aufnehmen?«, bat ich.

»Ruth, es ist sehr lieb, was du vorhast. Aber bedenke, wir wissen alle nicht, wie es weitergeht. In diesen Kriegswirren ist es besser, wenn er mit nach Bayern gebracht wird, vielleicht findet sich eine liebe Familie dort.«

Das überzeugte mich. Und »Kriegswirren« war das richtige Wort. Denn die Russen waren inzwischen in Schlesien eingefallen, keiner wusste, wie es weitergehen würde. Klar war, dass ich dem kleinen Kerl mehr helfen würde, indem ich ihm einen Transport nach Bayern ermöglichte.

Eine ungeahnte Freude erlebte ich dann bei einer Nachtwache im Krankenhaus. Ich erhielt einen Anruf von meinem Erich, allerdings war die Verbindung ziemlich gestört und unverständlich.

»Wie schön, ich weiß jetzt, dass er lebt und es ihm soweit gut geht.« Da war ich mir sicher. Das half seelisch in dem ganzen Durcheinander viel weiter.

Schließlich wussten wir im Krankenhaus alle nicht, was mit uns und unseren Patienten geschehen würde. Die Krankenhäuser in Großenhain, die Lungenheilstätte in Coswig und mit ihnen ein weiterer Teil unserer Patienten waren inzwischen auch in Richtung Westen verlegt worden. Und wir in Dresden brauchten schließlich unsere Räume wieder, um die verbleibenden Patienten einigermaßen versorgen zu können. Die Verletzten in den Gängen verschwanden. Wir konnten ein wenig durchatmen.

Die Flucht wagen – Ängste besiegen

Es wurde Mitte März 1945, als wir die Nachricht vom Durchbruch der Russen über die Oder bekamen, allerdings immer verbrämt mit der Mitteilung, dass der Volkssturm es schaffen würde, sie wieder zurückzuschlagen.

»Das glaube ich nun wirklich nicht mehr«, sagte ich zu meinen Eltern. »Die verteidigen uns bestimmt nicht mehr.« Keiner von uns glaubte noch an einen Sieg. Im Gegenteil – wir erhielten die Auflage, im Garten unseres Krankenhauses Splittergräben auszuheben, in die wir bei Luftangriffen kriechen sollten, um in der Lage zu sein, im Notfall die Patienten zu retten. Der Verteidigungsring um Dresden war ebenfalls eine beschlossene Sache.

Als ich wieder einmal nach Hause kam – und das geschah so alle zwei bis drei Tage für einige Stunden – erfuhr ich, dass auch Coswig in den Verteidigungsring mit eingeschlossen war. Mein Vater, als sogenannter Wehrbeauftragter der Firma, hatte vor, einen größeren Transport mit Frauen und Kindern von Werksangehörigen in das im Muldental gelegene Zweigwerk Siebenlehn zu bringen.

Dies sollte in der Stunde X geschehen, wenn es zur Verteidigung des Restes von Dresden kommen würde. Unser Krankenhaus sollte ebenfalls über die Elbe in Richtung Riesa/Torgau verlegt werden.

Krankenhäuser dort wurden bereits für die Aufnahme von unseren Kranken geräumt und deren Patienten entlassen bzw. weiter nach Westen verlegt. Die Angst ging um, denn von den anrückenden russischen Truppen und Horden hörte man nur Grauenvolles.

Unsere Nachbarin berichtete: »Ich habe gehört, dass Frauen vor den Russen nicht sicher sind. Sie vergewaltigen sie, morden und vernichten alles, was ihnen in den Weg kommt.«

Ich fröstelte und die altbekannte Angst kroch wieder in mir hoch. Ein Teil unserer Schwestern sollte mit dem Krankenhaus mitgehen, der Rest würde bei den nicht transportablen Patienten bleiben. Ich selbst sollte ebenfalls alle begleiten.

Zu diesem Zeitpunkt bat mich jedoch mein Vater, die sanitäre Betreuung des Transportes nach Siebenlehn zu übernehmen, da keine passende Betreuung vorhanden war. Mein Chef, Dr. Rexroth, war mit dieser Entscheidung absolut nicht einverstanden.

»Ich brauche Sie hier im Krankenhaus und dann beim Transport unserer Patienten!«

»Herr Dr. Rexroth«, wandte ich ein, »bitte verstehen Sie doch. Ich muss meinem Vater beistehen. Er schafft den Transport nicht allein.« Doch leider wurde mein Chef richtig zornig, sodass wir nach der guten und langen Zusammenarbeit mit einem Missklang auseinandergegangen sind.

Allerdings habe ich später erfahren, dass mein Entschluss, den Siebenlehner Transport zu übernehmen, völlig richtig war. Der Krankenhaustransport ist beim Übergang über die Elbe bei Torgau den Russen in die Hände gefallen, fürchterlich zugerichtet worden und nur einige wenige sind dem Chaos entkommen. Ich weiß bis heute nicht, ob der Chef das Massaker überstanden hat.

Ende April kam dann der Bescheid, dass Radebeul und Coswig verteidigt werden sollten. Die Russen waren inzwischen bis Bautzen vorgerückt. Unser Transport wurde im Werk Kötitz zusammengestellt, für die Frauen und Kinder wurden zwei Lastwagen zur Verfügung gestellt, die in mehreren Fahrten etwa fünfzig Personen von Coswig nach Siebenlehn brachten.

Mein Bruder, der sich ebenfalls voll einsetzte, obwohl er sich seiner Lungensache wegen nicht zu viel zumuten durfte – aber wer fragte in diesen Tagen überhaupt nach so etwas? –, und ich fuhren mit unserem kleinen Wagen. Darin auch meine Mutter, meine Tante mit ihren drei Kindern und die notwendigen Medikamente, Betten und dergleichen. Unser Weg führte von Radebeul nach Siebenlehn. Mein Vater plante, mit einigen Werksangehörigen erst später nachzukommen. Natürlich nahmen wir nur das Allernötigste mit, denn wir waren der festen Überzeugung, in wenigen Tagen wieder zurück in unserem Haus zu sein. Aber wie sollten wir uns geirrt haben!

In Siebenlehn war alles für die Unterbringung der »quasi« Flüchtlinge vorbereitet. Das Lager war in einige kleinere und größere Räume aufgeteilt worden, sodass sämtliche Frauen und Kinder eigens abgeteilte Schlafmöglichkeiten hatten. Meine

Mutter, mein Bruder und ich bekamen zwei Räume zugeteilt, wobei ich in einem Raum auch die medizinische Versorgung vornehmen sollte. Meine Tante und ihre Kinder waren daneben untergebracht.

Die Firmenleitung hatte sich wirklich viel Mühe gemacht, denn man muss sich vorstellen: Das Werk Siebenlehn war ursprünglich eine Papierfabrik, die – als die Kötitzer Ledertuch sie übernahm – in eine Lederett-Fabrik, also eine Kunststoff-Fabrik, mit allen Schwierigkeiten umgeändert werden musste. Entsprechend wenig waren die Räumlichkeiten für die Unterbringung von Personal und noch dazu von Frauen und Kindern vorgesehen. Aber wir waren alle darauf vorbereitet, die sich ergebenden Unannehmlichkeiten in Kauf zu nehmen.

Die ersten Tage verliefen relativ ruhig und ich bekam wenig Arbeit: Erkältungen bei den Kindern durch das Muldentalklima mit seiner Feuchtigkeit, einige Schnittwunden – aber sonst war es ruhig. Einmal am Tag kam ein Transport aus dem Hauptwerk Coswig, mit Materialien, die verlagert werden sollten, und mit den neuesten Nachrichten.

»Stellen Sie sich vor, die Russen rücken weiter auf Großenhain vor!«, sagte man uns. Coswig war in Alarmbereitschaft.

Nachdem die Erkältungen bei unseren Schutzbefohlenen zunahmen und wir feststellten, dass bei vielen Familien mit Kleinkindern Decken und Betten fehlten, beschlossen mein Bruder und ich, mit dem kleinen, in der Fabrik befindlichen Firmenwagen nach Radebeul in unser Haus zu fahren, um noch weitere Decken und Betten zu holen. Es wurde eine aufregende Fahrt mit Hindernissen. Als wir nämlich an die Niederwarthaer Brücke kamen, wurden wir gestoppt. Ein Pionierbataillon war mit der Sprengung der Brücke beschäftigt. Wir schilderten dem diensttuenden Hauptmann unseren Plan, den Flüchtlingen in Siebenlehn zu helfen.

»Wir müssen nach Radebeul zurück, um Decken zu holen. Wir werden uns beeilen, da können Sie sicher sein,« sagte ich. »Ich bin Ärztin und muss den Flüchtlingen helfen. Es sind viele Kinder bei uns.« Darauf bekamen wir genau zwei Stunden Zeit, um wieder über die Brücke zurückzukehren. Sonst hätten wir keine Möglichkeit mehr, auf das andere Elbufer zu gelangen. Die Brücke sollte Punkt 12 Uhr gesprengt werden.

»Los, beeilen wir uns«, rief ich meinem Bruder zu. Und der gab Vollgas.

Wir sind also in Windeseile nach Radebeul gefahren, haben das Auto mit allen greifbaren Bett- und Wolldecken vollgeladen und kamen genau fünf Minuten vor 12 Uhr am Brückenufer an.

»Schnell, schnell«, brüllte der Hauptmann. Er hatte schon auf uns gewartet und sperrte nun alle Zufahrtsstraßen hinter uns ab. Wir sind die letzten gewesen, die die Niederwarthaer Brücke in noch heilem Zustand passiert haben.

Uns haben noch im Nachhinein die Knie gezittert, als wir uns überlegten, was gewesen wäre, wenn wir die Brücke nicht mehr hätten überqueren können.

Am gleichen Tage traf auch mein Vater im Zweigwerk ein und in seinem Gefolge der Mann meiner

Tante. Was für eine Überraschung! Wir hatten ihn schon vermisst gewähnt. Er aber hatte sich – nachdem seine Truppe in der Tschechoslowakei aufgerieben worden war und der Rest sich auf eigene Faust nach Deutschland durchschlagen sollte – nach Radebeul begeben. Dort hatte er von meiner Großmutter erfahren, wo sich seine Familie inzwischen aufhielt. Er wurde genauso wie mein Vater und die anderen mit ihm eingetroffenen Männer in unserem Bau untergebracht. Man kann sich vorstellen, welche Freude in all dem Elend herrschte, als er seine Frau und seine drei Kinder wiedersah.

Am nächsten Morgen waren mein Vater mit seinen Männern und ich im Kontorraum der Firma, als der Zweigstellenleiter in den Raum stürzte.

»Die Russen sind in der Fabrik!« Der Zweigstellenleiter hatte bereits in weiser Voraussicht die meisten der jüngeren Frauen mitgenommen. Nun nahm er die anderen Frauen sofort unter seine Fittiche und brachte uns durch den Keller der Fabrik in einen weit außerhalb gelegenen Raum, der zu den Pumpen des Stauteiches der Firma führte.

Dort mussten wir in vollkommener Ruhe verharren, bis er uns wieder holte. Es war schrecklich, weil keiner wusste, was vor sich gehen würde. Dieser tapfere Mann hat uns später berichtet, dass er – nachdem er sich den Russen in den Weg gestellt hatte – mit der Pistole im Nacken gezwungen worden war, sie durch das gesamte Gelände zu führen auf der Suche nach »matkas«, also Frauen. Es ist ihm gelungen, sie zunächst so fehlzuleiten, dass sie nicht auf uns stoßen konnten, aber er konnte nicht verhindern, dass zwei der noch bei ihren Kindern verbliebenen Frauen gnadenlos vergewaltigt worden waren. Eine Tatsache, die mich ungeheuer verstörte und die ich zutiefst verabscheute. Denn ich war es, die sich dann um diese armen Frauen kümmern musste. Als die Russen verschwanden, aber mit dem Hinweis darauf, wiederzukommen, holte der Zweigstellenleiter zunächst nur mich aus unserem Versteck, um die beiden Frauen zu versorgen. Man kann sich nur schwer vorstellen, wie ich mich gefühlt habe. Aber ich hatte in meiner Zeit im Krankenhaus gelernt, trotz aller Ängste und Gefühle ruhig zu bleiben und meine Arbeit als Medizinerin zu tun.

Dann kamen auch die anderen wieder zurück, und die meisten von ihnen beschlossen, noch am gleichen Tage nach Coswig zurückzukehren, da sie sich dort sicherer als im Muldental fühlten. Es war ein schrecklicher Aufbruch, keiner von uns wusste, was ihn hier in Siebenlehn oder in Coswig erwarten würde, denn dort waren die Russen inzwischen auch gesichtet worden.

Kurz ehe der Treck unter der Leitung von zwei Siebenlehner Werksangehörigen sich in Bewegung setzen konnte, kamen überraschend zwei Männer aus dem Coswiger Werk zu Fuß bei uns an und brachten die neuesten Schreckensmeldungen aus Coswig mit.

»Die Russen waren nicht nur in Coswig, sondern sind auch bereits in Radebeul eingedrungen.«

Die Leitung des Coswiger Werks war dem bisherigen Direktorat entzogen worden, dieses war zum Teil geflohen oder, wie mein Vater, im Zweigwerk.

Die Leitung hatten nun die Kommunisten inne, die den Russen im Werk freie Hand ließen. Eine Rückkehr nach Radebeul war für uns also ausgeschlossen. Meinem Vater wurde bedeutet, auf keinen Fall nach Coswig zurückzukehren, er müsse damit rechnen, den Russen ausgeliefert zu werden. Für uns – unsere Familie und die Familie meiner Verwandten – war nun zunächst, nachdem der Treck abmarschiert war, die eigene Sicherheit am wichtigsten.

Als Erstes mussten wir aus der Fabrik verschwinden, denn die Russen – inzwischen wussten wir, dass es Mongolen aus Sibirien waren – konnten jederzeit wiederkommen. Nach Siebenlehn ins Dorf konnten wir nicht – die Dorfbewohner hatten selbst so viel Furcht vor den Russen, dass sie niemanden in die Häuser ließen. Wohin also?

Der rührend um uns besorgte Werksleiter brachte uns schließlich in den oberhalb der Fabrik gelegenen Wald in eine Holzfällerhütte, die gerade für uns neun Personen ausreichte, um uns auf Decken nebeneinander zum Schlafen hinzulegen. Hunger hatte sowieso keiner – ein paar Äpfel mussten genügen. Die Kinder meiner Tante im Alter von zwei, vier und sechs Jahren mussten ruhig gehalten werden. Meine Eltern, meine Tante und mein Bruder blieben bei ihnen in der Hütte – für meinen Vater war die Anstrengung sehr erheblich –, während mein Onkel und ich versuchten, für uns alle einen Treck nach Leipzig in das nächste Zweigwerk der Kötitzer Ledertuch zu organisieren.

In Leipzig waren schon seit Wochen die Amerikaner. Das Werk dort war noch in der Hand der eigentlichen Inhaber und nicht durch Kommunisten besetzt. Da der nach Coswig abgewanderte Treck alle kleineren Leiterwagen mitgenommen hatte, stellten wir bereits am Mittag einen etwas größeren Leiterwagen, der aber noch von uns gezogen werden konnte, im Werk sicher, mit dem wir am nächsten Morgen abwandern wollten.

Wir waren gerade im Begriff, wieder in den Wald abzutauchen, als die Russen zurückkehrten. Diesmal waren »Flintenweiber« mit dabei, die anfingen, zu plündern. Wir versteckten uns am Waldrand und beobachteten, wie die Frauen in meinen Nachthemden im Werk herumwandelten.

»In meinen Nachthemden«, ich konnte es nicht fassen. Und beinahe hätte ich mein sicheres Versteck verlassen, als ich sah, dass einer der in Lederkleidung gehüllten Mongolen meine wertvolle Steinergeige wegschleppte. Mein Onkel hielt mich noch zurück.

»Bleib hier, Ruth, bist du wahnsinnig!« Meine Vernunft hatte in diesem Moment offenbar ausgesetzt.

Wir schlichen also in die Holzfällerhütte zurück, fanden dort alles einigermaßen in Ordnung, lediglich der gesundheitliche Zustand meiner Eltern gab Anlass zu Besorgnis. Sie waren sehr erregt und froren, ich hatte große Angst um sie. Aber wir hofften, dennoch trotz allem am nächsten Morgen abmarschieren zu können. Sicherheitshalber sahen wir abends – die Russen hatten ab 19 Uhr für die Bevölkerung und auch die eigenen Truppen eine Ausgangssperre angesetzt, die strikt eingehalten wurde – nochmals nach unserem Leiterwagen.

»Das gibt's nicht, er ist nicht mehr da«, rief ich erschrocken aus. Ich fragte einen Arbeiter im Werk: »Haben Sie einen Leiterwagen gesehen? Wir brauchen ihn dringend.«

»Ja, den hat ein Bauer aus dem Dorf abgeholt«, brummte er. Was also tun, um wegzukommen? Wir brauchten unbedingt ein Gefährt, denn weder meine Eltern noch die Kinder der Tante konnten den Marsch zu Fuß durchstehen.

Mein Onkel und ich beschlossen, gegen den Willen der anderen, nachts während der Ausgangssperre den Bauern aufzusuchen, um so unseren Wagen wiederzubekommen. Wir schlichen gegen Mitternacht bei Mondlicht durch den Wald hinauf zur Landstraße, die Siebenlehn mit Nossen verbindet, und marschierten dort in Richtung Dorf. Der Bauer wohnte glücklicherweise am Dorfeingang.

Plötzlich hörten wir in unserem Rücken einen Pferdewagen ankommen, der vollbesetzt war mit von der Siegesfeier betrunkenen Russen, die sich nicht um die Ausgangssperre gekümmert hatten. Wir warfen uns in den schwarzen Schlagschatten eines Chausseebaumes und konnten nur beten, nicht entdeckt zu werden. Und das Unwahrscheinliche geschah, die Russen fuhren vorbei, ohne uns zu bemerken. Mein Herz schlug mir bis zum Halse, mein Puls hämmerte. Mein Onkel zitterte am ganzen Körper, ich konnte es fast fühlen.

»Still, warte noch einen Moment«, flüsterte mein Onkel. Dann robbten wir weiter. So kamen wir also von rückwärts zu dem Bauernhaus und weckten den Bauern aus dem Schlaf, der aber angesichts unserer Misere ein Einsehen hatte und versprach, den Wagen am nächsten Morgen um 7 Uhr wieder in die Fabrik zu bringen.

Auf dem Rückweg, der über das Feld führte, sahen wir nochmals Russen. Aber auch diesmal hatten wir Glück, der tiefe Schatten der Bäume deckte uns. Unendlich erleichtert kamen wir wieder in der Waldhütte an und konnten berichten, dass unserem Abmarsch am nächsten Morgen nichts im Wege stand.

»Stellt euch vor, was uns passiert ist ... « Wir rückten ganz eng aneinander und erzählten von unserem Erlebten. Ab und zu keuchte ich tief, zu schrecklich war die Angst, die ich hatte ertragen müssen. Ich schlief nur wenig in dieser Nacht, mich schüttelte es noch in Erinnerung an die Gefahren.

Am nächsten Tag machten wir uns auf den Weg nach Borsdorf bei Leipzig, wo das Zweigwerk Zweenfurth gelegen war, eine Strecke von ungefähr achtzig Kilometern.

Wir hatten keine Pläne, wussten aber, dass die Amerikaner jenseits der Freiberger Mulde waren und dieses Gebiet besetzt hatten. Und darauf richtete sich unsere Hoffnung. Wir wollten unter allen Umständen raus aus dem Bereich, den die Russen kontrollierten. Mich hatten meine Tante und meine Mutter in ganz alte Klamotten gesteckt, ein großes Kopftuch versteckte halb das Gesicht, damit ich nicht als junge Frau auffiel. Und wenn irgendwo russische Soldaten sichtbar wurden, versteckte man mich unter dem Leiterwagen, den ich sonst zusammen mit meinem Bruder und meinem Onkel zog.

So liefen und liefen wir, die Angst trieb uns vorwärts. Am Nachmittag, so gegen 15 Uhr, kamen wir auf einer Nebenstraße in der Nähe von Döbeln an die Mulde und fanden dort auf einer Wiese schon andere Flüchtlinge vor, die uns berichteten, dass die Amerikaner sie nicht nach drüben lassen wollten. Das Gebiet sollte am Abend an die Russen übergeben werden. Mein Vater und ich, die als einzige einigermaßen Englisch sprachen, gingen daraufhin über die Brücke und wurden prompt von einem schwarzen Sergeanten blockiert.

»Bitte lassen Sie mich mit dem Kommandanten sprechen«, bat mein Vater. »Ich werde ihm alles erklären.«

»No, no«, war die Antwort. Hart, unbarmherzig, kalt. Nach einer Stunde des Wartens baten wir erneut um eine Unterredung, wieder Ablehnung. Dies ging, bis es dämmrig wurde und wir schon verzweifelten. Plötzlich kam der Sergeant zu meinem Vater und sagte ihm, er solle veranlassen, dass alle innerhalb von zehn Minuten die Brücke passierten, denn dann kämen die Russen.

So schnell war wohl noch kein Treck über die Brücke gelaufen, wir kamen mit unserem Leiterwagen als letzte und blieben am Brückengeländer hängen. Nicht zu fassen, so groß war unser Entsetzen. Wir sind verloren, dachte ich. Doch dann geschah etwas Wundersames. Zu unserem Erstaunen sprangen zwei schwarze Amerikaner herbei:

»Go on, go on«, riefen sie uns zu, packten unseren Leiterwagen und trugen ihn über die Brücke. Wir waren gerettet! Nie werde ich diesen Moment vergessen, tiefe Dankbarkeit empfanden wir, als uns geholfen wurde.

Auf der anderen Seite der Brücke standen die Einwohner des anliegenden Dorfes, an der Spitze der Bürgermeister. Sie verteilten alle Flüchtlinge auf die verschiedenen Bauerngehöfte, wo wir im Stroh schlafen durften, diesmal ohne Angst und bewacht von den Amerikanern.

Es war der beste Schlaf, den man sich vorstellen kann. Etwas erholter wachten wir auf und am nächsten Morgen ging es weiter, begleitet von guten Wünschen unserer netten Bauern und – was noch wichtiger war – von einem für damalige Verhältnisse guten Lebensmittelpaket.

Wir hörten, dass die Russen noch am Abend den anderen Uferstreifen der Mulde in Besitz genommen hatten, und waren doppelt froh, ihnen entkommen zu sein. Endlich durfte ich ohne die Verkleidung herumlaufen, denn von den amerikanischen Soldaten, denen wir begegneten, hatten die deutschen Frauen nichts zu befürchten.

Nach der ersten Nacht einigermaßen in Ruhe fühlten wir uns dann imstande, noch spät an diesem Abend bis nach Borsdorf und in die Fabrik zu kommen. Für meine Eltern war dies besonders wichtig, sie hatte der Marsch unheimlich angestrengt. Wir wurden bei Werksangehörigen in unmittelbarer Nähe der Fabrik untergebracht.

Am nächsten Morgen erhielt mein Vater die ersten Nachrichten aus Coswig. Der Trupp, der die Siebenlehner Fabrik nach dem Russeneinfall verlassen hatte, war gut in Coswig angekommen. Die

Fabrik selbst war von den Kommunisten voll übernommen worden, sodass die Fabriken bei Leipzig und in Süddeutschland ohne Leitung durch die Zentrale waren. Meinem Vater wurde mitgeteilt, dass unser Haus von Polen besetzt und geplündert worden war, dass man unsere Bibliothek zum Braten eines Ochsens im Hof verwendet hatte und dass wir uns auf keinen Fall in Radebeul wieder sehen lassen sollten.

»Nie wieder werden wir nach Hause kommen«, weinte meine Mutter. »Diese Verbrecher!«

»Hauptsache, du, Gerhard, kehrst nicht dorthin zurück«, sagte mein Onkel, der wusste, dass mein Vater als ehemaliger Offizier und Wehrbeauftragter der Firma sofort verhaftet werden würde. Dafür war die Werksleitung von Zweenfurth dankbar, dass sie mit einem Ingenieur wieder einen Fachmann in der Leitung hatte, und versprach, dafür zu sorgen, dass wir im Raum Leipzig bleiben könnten. Die Amerikaner, die Wert auf eine Wiederinbetriebnahme der deutschen Fabriken legten, waren damit einverstanden.

Wir machten also Pläne, uns in Borsdorf sesshaft zu machen. Aber es sollte völlig anders kommen. In diesen Zeiten war nichts sicher, kein Plan hielt dem nächsten Tag stand.

Wenige Tage später traf ein Kurier aus den Zweigwerken in Süddeutschland – Eislingen und Göppingen – ein, der berichtete, dass beide Werke Schäden durch Bomben hätten und dringend meinen Vater benötigten, um die Instandsetzung und damit die Wiederinbetriebnahme der Fabriken zu bewerkstelligen. Also planten wir zunächst eine Reise nach Göppingen, die bei den damaligen Verhältnissen wieder sehr beschwerlich zu werden versprach. Meine Eltern, mein Bruder und ich hatten beschlossen, uns nicht zu trennen, sondern gemeinsam nach Süddeutschland zu fahren. Meine Stuttgarter Verwandten, die fünfköpfige Familie der Schwester meines Vaters, hatten sich bereits am Tage nach unserem Eintreffen in Zwenfurth auf den Weiterweg nach Stuttgart gemacht, da sie fürchteten, dass die dort als Besatzungsmacht fungierenden Franzosen ihre Wohnung in der Schickhardtstraße besetzen könnten. Dass sie dies wirklich in letzter Minute und nur durch ihre drei Kinder verhindern konnten, haben wir erst später erfahren.

Lichtblicke am Horizont

Für unsere Fahrt nach Göppingen mussten die Amerikaner ihr Einverständnis geben. Mein Vater und ich begaben uns also zur entsprechenden amerikanischen Behörde und trugen dort unser Reisevorhaben vor.

»We have to go to Göppingen«, sagte mein Vater.

»It's not so easy«, murmelte der amerikanische Offizier. »But you can go.«

Also bekamen wir die Genehmigung, aber es gab noch eine Schwierigkeit. Wir hatten in der Fabrik einen alten Mercedes entdeckt, der einem Werksangehörigen aus Coswig gehörte, der ihn dort sichergestellt hatte. Mit diesem sollten wir auf Geheiß der Werksleitung fahren. Aber woher den Sprit nehmen in einer Zeit der Bezugsscheine? Wir baten also die Amerikaner um Hilfe. Aber die wollten zunächst davon nichts wissen. Warum sollten sie auch den Deutschen, die sie gerade besiegt hatten, helfen, bequem zu reisen? Nach mehrtägigen Verhandlungen stellten sie uns schließlich einen Bezugsschein für Benzin aus, aber nur für die Fahrt nach Göppingen. Wir wollten jedoch auch wieder zurück. Da wurde uns bedeutet, dass wir dann das Benzin für die Rückfahrt in Göppingen erhalten würden.

Also machten wir uns in der vorletzten Juniwoche auf den Weg. Die ganze Familie war beisammen, meine Eltern, mein Bruder und ich. Welch Glück für uns, in dieser Zeit gemeinsam aufbrechen zu können. Der Wagen war einigermaßen in Ordnung, Gepäck hatten wir so gut wie keines, Platz gab es also genügend, aber die Schwierigkeiten ließen nicht auf sich warten!

Wir hatten vor, die Strecke über Weißenburg bis Gefrees, wo meine Mutter Verwandte hatte, die aus der Oberlungwitzer Strumpfgeneration stammten, als erste Etappe auf der Autobahn zurückzulegen. Wir kamen gerade einmal fünfzig Kilometer weit. Mit einem lauten Knall kam unser Wagen ins Schlingern. Gerade noch brachte ihn mein Vater zum Stehen. Der Reifen war geplatzt! Gott sei Dank gab es einen Ersatzreifen, den wir aufziehen konnten. Mein Bruder bewährte sich hier als guter Mechaniker. Schließlich fuhren wir weiter bis kurz vor Weißenburg. Wieder ein Knall, der zweite Reifen!

Was tun? Glücklicherweise herrschte ganz wenig Verkehr auf der Autobahn, und die wenigen Lastwagenfahrer waren allesamt hilfsbereit. Einer von ihnen schleppte uns bis an die Ausfahrt von Weißenburg.

»Wissen Sie was, am Rande der Stadt ist ein Autofriedhof, dort finden Sie vielleicht auch Reifen.« Mit viel Glück werden wir passende bekommen, mit diesem Gedanken machten mein Bruder und ich uns auf den Weg. Meine Eltern blieben beim Wagen und ruhten sich ein wenig aus. Sie hatte alles sehr mitgenommen.

Als wir jedoch den Schrottplatz sahen, sank unsere Hoffnung, hier fündig zu werden. Aber wir hatten tatsächlich Glück: Die Vorderreifen eines alten Lastwagens hatten genau die Maße, die wir brauchten. Wir konnten sie mit viel Mühe abmontieren und rollten sie dann zurück bis an die Autobahn. Auch das Aufbringen klappte, der zweite Reifen wurde als Ersatzreifen mitgenommen.

Gegen Abend erreichten wir endlich Gefrees. Aber die Verwandten meiner Mutter waren absolut nicht erbaut, uns zu sehen.

»Ihr könnt eine Nacht bei uns bleiben, dann aber brauchen wir die Räume wieder.« Was für eine Hilfsbereitschaft! Eigentlich behandelten sie uns wie dahergelaufene Bettler. Es war abscheulich und für meine Mutter mehr als deprimierend. Auch in Kriegszeiten gibt es solche und solche Exemplare an Menschen. Ich hatte einen schönen Spruch von meiner Großmutter auf den Lippen, den ich auch später immer wieder verwendet habe: »Gott schuf Menschen für 'ne Mark im Dutzend und billiger!« Meine Großmutter schien nicht viel von ihrer eigenen Spezies gehalten zu haben!

Wir machten uns also am frühen Morgen wieder auf den Weg. An der Autobahn erfuhren wir, dass diese für Truppentransporte gesperrt war, wir also die Landstraße in Richtung Stuttgart benutzen müssten. Wir sahen die amerikanischen Truppen in Richtung Süden rollen, wussten aber nicht, warum. Also fuhren wir über die Dörfer, bis unser altes Auto anfing zu rauchen.

»Nein, nicht das auch noch«, stöhnte mein Vater. Der Kühler kochte und wir entdeckten, dass Kühlwasser auslief. Am nächsten Dorfbrunnen füllten wir Wasser auf, kamen jedoch gerade einmal eine Stunde weiter, dann immer wieder dasselbe Theater. Wir besorgten uns bei einem Bauern gegen Geld und gute Worte eine Gießkanne, damit wir in immer kürzeren Abständen Wasser auffüllen konnten.

Praktisch mit letzter Kraft erreichte der Mercedes Göppingen und damit das Zweigwerk, wo dessen Leiter Dr. Vogel meinen Vater schon dringend erwartete, denn die Verbindung zwischen den beiden Werken hatte besser funktioniert als unsere Fahrt.

»Herzlich willkommen«, rief Dr. Vogel. »Hatten Sie eine gute Fahrt?« Was für eine Frage – wir waren total erschöpft. Man hatte aber schon für ein Quartier für uns vorgesorgt.

Im Zweigwerk Eislingen lebte in einer großen Werkswohnung oberhalb der seinerzeitigen Spinnerei die Witwe des ehemaligen Werksleiters, die einige Räume an Flüchtlinge hatte abgeben müssen. Sie war sehr froh, Werksangehörige aus Coswig und damit keine Fremden mehr in ihre Wohnung zu bekommen.

»Schauen Sie sich erst einmal Ihre Zimmer an, und dann gibt es für alle was zu essen. Sie werden ja bestimmt hungrig sein«, sagte sie freundlich zu uns. Wie dankbar wir über diese Begrüßung waren! Es strömte warm durch mich hindurch und die schlimme Angst der letzten Tage und Wochen war für einen Moment vergessen. Wir bekamen tatsächlich ein großes Wohnzimmer mit einem durch einen Vorhang getrennten kleinen Schlafzimmer für meine Eltern und meinen Bruder, und ich bezog ein getrenntes kleines Schlafzimmer. Alles war sehr nett möbliert und wir hatten fürs Erste ein Dach über dem Kopf.

So lebten wir uns für eine Zeit dort ein. Gekocht wurde in der ehemaligen Werksküche, wobei wir allerdings quer über die nicht mehr genutzte Spinnerei laufen mussten und künftig mit der Tatsache zu kämpfen hatten, dass das Essen auf diesem Wege immer kalt wurde, aber das störte uns zunächst überhaupt nicht.

Als wir nach drei Tagen Aufenthalt erfuhren, dass die Amerikaner das Gebiet von Leipzig an die Russen übergeben hatten, wurde uns vieles klar: Zum einen, warum wir kein Benzin für die Rückreise erhalten hatten, und weiters, warum die Autobahnen für Truppentransporte gesperrt worden waren.

»Kommen wir nicht wieder nach Hause zurück?«, fragte bang mein Bruder.

»Vorerst nicht«, meinte mein Vater und meine Mutter stimmte ihm zu. »Wir bleiben jetzt erst einmal hier, hier sind wir in Sicherheit.«

»Ja, das ist wichtiger«, meinte ich und war froh, dass eine solche Entscheidung gefallen war. Um nichts auf der Welt wollte ich wieder in solch schlimme Situationen kommen. So beschlossen wir ad hoc, dass wir nicht wieder nach Leipzig zurückkehren würden.

Im Nachhinein betrachtet, waren diese Momente Lichtblicke am Horizont in einer düsteren Zeit. So viele Schrecken und Ängste, die wir hatten aushalten müssen, das würde für ein ganzes Leben reichen.

Ein nach diesem Ereignis durchgekommener Kurier berichtete, dass das Zweigwerk nun ebenfalls von den Coswiger Kommunisten übernommen worden und die Betriebsleitung, die uns so nett aufgenommen hatte, hinausgeworfen worden war. Die Russen schienen das Werk nunmehr zu demontieren. Wir dankten unserem Schöpfer, dass er uns vor diesen Ereignissen bewahrt hatte, denn das Schicksal meines Vaters wäre das Gleiche gewesen wie in Radebeul. Man hätte ihn gefangen genommen und wer weiß, was dann mit ihm passiert wäre. Nicht auszudenken. Wieder sprach ich ein leises Gebet. Das habe ich in diesen Zeiten immer wieder gemacht, gebetet und den lieben Gott um Hilfe angefleht. Auch darum, dass er meinen Erich beschützen möge.

Die Betriebsleitung nahm nun hoch erfreut meinen Vater in ihre Reihen auf, da in beiden Werken, Göppingen und Eislingen, ein Ingenieur fehlte und genug Arbeit durch die Bombenschäden gegeben war. Durch ihre Hilfe bekamen wir die sogenannte Zuzugsgenehmigung für Eislingen, obwohl der Bürgermeister nicht erfreut war, weitere Flüchtlinge aufnehmen zu müssen. Damit erhielten wir auch Lebensmittelkarten und Genehmigungspunkte für Bekleidungsstücke, sofern diese überhaupt vorhanden und käuflich waren. Aber man behalf sich, soweit es ging.

Das Gebiet von Göppingen und Eislingen war bis auf einige Bombenangriffe weitgehend vom Krieg verschont geblieben, die umliegenden Bauern hatten genügend gehortet, um gegen Reichsmark, die immer wertloser wurden, Gemüse, Obst, auch mal zusätzlich Speck oder Fleisch abgeben zu können. Außerdem wies man uns im Werksgelände ein Stückchen Schrebergarten zu, damit wir unser eigenes Gemüse anbauen konnten, was wir natürlich sofort taten. Da auch die Eisenbahnverbindung nach Stuttgart wieder bestand, nahmen wir den Kontakt zu der Schwester meines Vaters auf. Ihre Familie war schon früher nach Württemberg gereist, weil sie in Stuttgart bereits beheimatet war. Auch sie hatten zusammen mit ihren drei Kindern Unvorstellbares erlebt und tapfer durchgehalten – so wie wir. Sie erzählten, dass sie verhältnismäßig gut zurückgekommen seien und sich jetzt in Stuttgart schon wieder recht wohlfühlten.

Da aber die Sozietät, in der mein Onkel tätig gewesen war, nicht mehr bestand, hatte er sich eine Beschäftigung suchen müssen, um seine Familie zu ernähren. So verkaufte er Holzlöffel und ähnliche Gegenstände, die er von einheimischen Handwerkern bekam, an Bauern der Umgebung. Auf diese Weise kam er häufig auch nach Göppingen und zu uns. Mein Vater selbst hatte genügend in beiden Werken zu tun. Mein Bruder musste das Auto wieder instand setzen, damit es – wie wir von Leipzig erfuhren – dahin zurücküberführt werden konnte. Man hielt uns tatsächlich vor, wir hätten es geklaut.

»Das ist ja eine Unverschämtheit!«, regte sich mein Vater auf. Er kontaktierte sofort die Betriebsleiter von Zweenfurth: »Man hat uns den Wagen zur Verfügung gestellt, damit ich schnellstens in das Göppinger Werk kommen konnte.«

»Nu, das können Sie jemand anderem erzählen, das glauben wir Ihnen nicht.«

Es war nichts zu machen, in Kriegszeiten wurde nichts geglaubt und schon gar nicht von einem geflohenen Direktor. Die Betriebsleiter von Zweenfurth waren durch nichts zu überzeugen.

Meint das Schicksal es gut mit mir?

Ich musste mir dringend eine Arbeit suchen, damit ich Nahrungsmittelmarken bekam. Daher stellte ich mich auf Anraten von Dr. Vogel auf dem Bürgermeisteramt in Göppingen vor und wurde, da ich Englisch sprach, sofort an die Amerikaner verwiesen, die Sekretärinnen suchten.

Ich kam in eine amerikanische Dienststelle, die in einer ehemaligen Schule untergebracht war, als Sekretärin eines Oberleutnant Fitzgerald, der Sicherheitsoffizier für Göppingen war und viel mit dem Bürgermeisteramt zusammenarbeitete. Ich musste viel direkt übersetzen und anfangs machte es mir große Mühe, den amerikanischen Akzent zu verstehen. Außerdem hatte ich die einzelnen Gesprächsprotokolle dann niederzuschreiben, zu Beginn häufig mit Hilfe des Wörterbuches. Aber es besserte sich von Woche zu Woche, obwohl ich nach wie vor nicht begeistert war, für unsere ehemaligen Feinde arbeiten zu müssen, zumal viele von ihnen uns wie Menschen zweiter Klasse behandelten.

Aber die Hauptsache war, dass wir in Ruhe lebten, uns satt essen konnten und keine Russen mehr zu fürchten brauchten. Immer wieder drangen schreckliche Berichte zu uns durch, unsere Heimat litt grausam unter der russischen Besatzung.

Die Anstrengungen der vorangegangenen Wochen machten sich irgendwann doch bei mir bemerkbar und Stress und Angst forderten ihren Tribut. Ich bekam ein 12fingerdarmgeschwür mit einer Hepatitis, die mich ein paar Tage ins Bett zwang. Meine Mutter kümmerte sich rührend um mich und meinen Bruder, der seine TBC wieder auskurieren musste, die noch nicht zum Stillstand gekommen war.

Auch meine Eltern spürten Herz- und Kreislaufbeschwerden und zudem noch die seelische Belastung, die sich aus dem Verlust von Haus und Hof in Radebeul ergab. Sie hatten großes Heimweh, träumten von daheim und saßen oftmals schweigend da und hielten die Augen geschlossen. Bloß, wir waren unglaublich zäh! Eisern waren wir – das war unsere Haltung, die uns geholfen hatte, zu überleben. Und jetzt wollten wir hochkommen, uns aufrappeln und das Leben wieder neu erfahren.

So schaffte ich mir von meinem ersten Gehalt neue Möbel an. Durch die Verbindung über die Amerikaner wurden wir mit verschiedenen Betrieben und Handwerkern der Umgebung bekannt, die bereit waren, uns – wenn auch zu überhöhten Preisen – etwas zu verkaufen. Mein Zimmer gehörte also möbelmäßig bald wieder mir und war nicht geliehen. Was für ein unbeschreibliches Glücksgefühl!

Soweit die räumlichen Umstände, aber in meiner Seele sah es anders aus: Ich hatte große Angst um meinen Liebsten. Wo wird er nur sein?, fragte ich mich immer wieder. Es bewegte mich sehr, denn nach wie vor hatte ich keinerlei Nachrichten von meinem Erich, von seinen Eltern und von meinen Verwandten in Halle. Das zermürbte mich, auch wenn es im Sommer 1945 einige Erlebnisse gab, die trotz allem erfreulich waren:

Zum einen fanden meine Eltern alte Freunde aus der Heimat wieder. Sie hatten Dresden aufgegeben, waren den Russen entwischt und geflohen. Nach Stuttgart in ihr ehemaliges Zuhause! Sie hatten das Glück, wieder in ihrer Heimat zu sein, ganz im Gegenteil zu uns. Sie waren – genau wie wir – nahezu ohne eigene Sachen angekommen, aber froh, den Russen entkommen zu sein. Für meine Eltern, die sich nach wie vor sehr schwer an die württembergische Mentalität gewöhnen konnten, gab dies einen ungeheuren Ansporn.

Die Freunde waren Meister im Organisieren und verlegten sich auf einen blühenden Tauschhandel zwischen Württemberg und dem Rheinland. Württembergischer Wein wurde getauscht gegen rheinische Chemikalien, württembergische Agrarprodukte gegen Spritzmittel und Pflanzengifte, und das nicht nur kiloweise, sondern in Containern und Güterwagen. Wer damals einen siebten Sinn für den Tauschhandel der Nachkriegszeit hatte, konnte ganz gut damit leben. Und so tranken sie abends alle zusammen fast wieder vergnügt ihren Wein.

Außerdem tauchte der zukünftige Ehemann von Erichs Schwester auf. Gerade aus der Kriegsgefangenschaft zurückgekehrt, blieb er aber nur einige Tage bei uns. Er wollte nicht auf Dauer in Württemberg oder Bayern sein, sondern nach Sachsen zu seiner Braut zurück und zwar für längere Zeit. Eine gegenteilige Meinung war ihm nicht beizubringen, obwohl mein Vater ihm angesichts der in Sachsen herrschenden Verhältnisse durch die Anwesenheit der Russen dringend riet, nach dem Besuch in Radebeul nach Baden-Württemberg zurückzukehren und dort eine Tierarztpraxis aufzumachen.

»Überleg es dir gut«, sagte mein Vater zu ihm. »Radebeul ist kein sicheres Gebiet und wer weiß, was aus dieser Gegend einmal wird. Und hier in Baden-Württemberg werden Tierärzte gesucht, da kannst du sicher sein.« Mein Vater redete wohlmeinend auf ihn ein, doch er war nicht zu einer anderen Haltung bereit. Manchmal denke ich, dass mein Vater schon damals etwas von der Teilung Deutschlands geahnt hat. Später war die Schwester von Erich mit ihrer Familie in der DDR »gefangen« und sie konnten das Land lange Zeit nur Richtung Osten verlassen.

Dieser Besuch aber hatte mir geholfen. Auf diese Weise konnte ich wenigstens die Verbindung zu Erichs Eltern wieder herstellen, und ich erfuhr nicht nur, dass der Zukünftige von Erichs Schwester gut in Radebeul angekommen war, sondern auch, dass sie beide gesund waren. Große Erleichterung machte sich in mir breit, wenigstens eine gute Nachricht seit Langem. Allerdings hatte Vater Menzel seinen Arbeitsplatz verloren und war nun als Hilfsarbeiter unter den schlechtesten Bedingungen an der Niederwarthaer Brücke mit Wiederaufbauarbeiten beschäftigt.

Meine Tätigkeit bei der Ortskommandantur in Göppingen erwies sich auf die Dauer als relativ unbeständig, da ein Teil derselben nach Stuttgart verlegt wurde und in Göppingen nur noch eine mit wenigen Amerikanern, dafür aber mit mehr Deutschen besetzte Dienststelle für Wiedergutmachungsfragen, Entnazifizierung und Ausfindigmachen von Kriegsverbrechern und Nazis verblieb. Ich wurde, nachdem Captain Fitzgerald in die USA zurückbeordert worden war, also in diese Dienststelle versetzt, an der ich der Aufgabenstellung wegen immer weniger Gefallen fand.

»So etwas Unangenehmes, diese Fragen nach Wiedergutmachung und Entnazifizierung zu klären! Und dann soll ich auch noch diese widerlichen Kriegsverbrecher und Nazis aufspüren.« Nachdem aber die Bezahlung im Vergleich zu den deutschen Industriestellen relativ gut war, machte ich gute Miene zu diesem Spiel und fand mich mit der momentanen Situation ab. Vor allem hoffte ich, auf diese Weise etwas von meinem Erich zu erfahren, aber das war zu diesem Zeitpunkt absolut unmöglich. Meine Sehnsucht wurde immer größer und ich hoffte inständig, dass er am Leben war und dass es ihm gut ging.

Ende des Jahres 1945 erfuhren wir, dass alle deutschen Angestellten in dieser Dienststelle, die nunmehr dem sogenannten CIC unterstellt wurde, von heute auf morgen entlassen werden würden, also auch ich.

Über das CIC sollte man Folgendes wissen: Als Nachrichtendienst holte das Counter Intelligence Corps seine Leute überwiegend aus Kreisen mit juristischem, polizeilichem oder auf andere Weise investigativem beruflichen Hintergrund. Besonders gesucht waren Personen, die über Fremdsprachenkenntnisse verfügten. So wie ich. Eine wesentliche Aufgabe bestand während des Krieges in der Abwehr und Ausschaltung gegnerischer Spionageversuche und Widerstandsgruppen. Unmittelbar nach Kriegsende war es dann Aufgabe des CIC, in den besetzten Ländern nach ehemaligen Nazis, vor allem hochrangigen, sowie nach Kriegsverbrechern zu fahnden. Auch der Versuch zur Eindämmung des Schwarzmarktes gehörte unter anderem zu den Agenden des CIC.

»Schon wieder etwas Neues«, seufzte ich, als ich von der Kündigung erfuhr. Ich musste mir also erneut eine neue Arbeitsstelle suchen und wurde zunächst an das Gesundheitsamt Göppingen unter Leitung von Dr. Prilipp vermittelt, hauptsächlich aufgrund meiner medizinischen Kenntnisse. Dies war jedoch nur vorübergehend, weil auch das Gesundheitsamt keine zusätzlichen Kräfte einstellen durfte, die nicht vom CIC genehmigt waren.

Also stand ich Anfang Januar wieder ohne Job da, obwohl Dr. Prilipp mit allen Mitteln versuchte, mir den Arbeitsplatz zu erhalten. Vielleicht auch deshalb, weil er persönlich an mir Gefallen gefunden hatte. Die Begegnungen mit ihm waren durchaus schwierig, denn er ließ mich seine Zuneigung immer deutlicher spüren. Es war unangenehm, ihm auszuweichen und angespannte Situationen zu vermeiden.

Ich musste sowieso in jener Zeit feststellen, dass es eine junge Witwe äußerst schwer hatte, beruflich ernst genommen zu werden, ohne dass einem gleich unterstellt wurde, nach männlichem Anschluss zu suchen. Man musste sich manchmal sehr ernsthaft wehren und verteidigen, ob beim Bürgermeisteramt, beim Arbeitsamt oder in anderen Büros – es war immer schwierig, entsprechende Barrieren um sich aufzubauen. Außerdem waren alle Leute, die beim »Ami« arbeiteten oder gearbeitet hatten, von einem gewissen »Hautgout« umgeben. Das sollte heißen, dass man keinen guten Ruf hatte, wenn man für die Amerikaner geschuftet hatte.

Nach der kurzen Tätigkeit beim Gesundheitsamt, vermittelte mir das Arbeitsamt dann wieder eine vorübergehende Arbeit bei der Firma Böhringer in Göppingen als Fremdsprachenkorrespondentin. Offenbar erhielt ich die Stelle vor allem aufgrund meiner Beziehungen zum amerikanischen CIC, der die Firma Böhringer und besonders meinen Personalchef auf dem »Kieker« hatte. Warum, das habe ich während meiner achtwöchigen Arbeit dort nicht herausbekommen. Die neue Tätigkeit machte mir keinerlei Schwierigkeiten, außer, dass sie mich absolut nicht ausfüllte. Oftmals langweilte ich mich und ich spürte, wie sehr ich meine Tätigkeit am Krankenhaus, den Kontakt mit Menschen, meine Freude, ihnen helfen zu können, vermisste.

Meine Chefs, Vater und Sohn, waren alteingesessene Göppinger, echte Schwaben also, mit allen Vor- und Nachteilen. Was sagt man den Schwaben nach? Sie seien freundlich, offen und gern zu einem Schwätzle bereit, aber manchmal auch etwas eng und sperrig und vor allem sparsam. Die Arbeit dort war angenehm, wenn auch nicht sonderlich interessant, und endete, als mein Chef in ein Entnazifizierungsprogramm musste, weil er Angehöriger der NSDAP gewesen war und eine entsprechende Stellung innerhalb der Firma Böhringer hatte. Er wurde von heute auf morgen entlassen, kam in ein Lager und die gesamte Abteilung wurde einfach aufgelöst – und ich mit. Was das bedeutete, dass er in dieses Lager kam, war uns nicht bekannt. Auf jeden Fall war es kein KZ. Oftmals bin ich gefragt worden, ob ich gewusst habe, was sich in den Konzentrationslagern, in denen die Massenmorde stattfanden, abgespielt hat. Ich wusste zwar, dass die Juden abgeholt und per Zug irgendwohin gebracht wurden, was aber genau mit ihnen geschehen war, habe ich erst später nach dem Krieg erfahren.

Allmählich hatte ich jedoch den Arbeitsplatzwechsel satt und teilte dies auch dem Arbeitsamt mit. So wurde ich Ende Februar 1946 mit dem Hinweis, in der Industrie würde ich zurzeit sowieso nichts bekommen, an die Firma Tausch vermittelt, Groß- und Einzelhandel in Glas, Porzellan und Haushaltwaren. Die Firma benötigte eine Kraft für die Verwaltung der Bezugsscheine für Töpfe und Pfannen, also eine Tätigkeit, die ich bisher noch nicht innegehabt hatte.

»Na, das schaffe ich auch noch«, spornte ich mich an. Ich brauchte das Geld, um mich selbst und meine Familie mit zu versorgen. Ich konnte mich schnell und gut einarbeiten und war bald ein vollwertiges Mitglied des Verkaufsteams. Die Bezugsscheine waren für Töpfe, Pfannen und andere

Haushaltartikel eingeführt worden, damit diese Waren nicht unter der Hand verkauft wurden, sondern vor allem Bauern, Restaurants und Hotels zur Verfügung standen. Diese bekamen pro Vierteljahr einen Bezugsschein für entweder einen Topf oder eine Pfanne, und man kann sich vorstellen, dass das hinten und vorn nicht ausreichte. Also wurde auch unter der Hand geschoben, aber Verteilungsfirmen wie die Firma Tausch bekamen nur gegen abgerechnete Bezugsscheine Nachschub. Daher musste alles stimmen und genau abgerechnet sein. Es war ein »aufreibendes Geschäft« und schon damals wieherte der deutsche »Amtsschimmel«, den die Amerikaner sogar noch unterstützten. Alles war kompliziert, die Anzahl der Formulare wuchs und alles musste ordentlich und penibel ausgefüllt werden.

Ich hatte von 9 bis 15 Uhr Dienst, denn am Nachmittag wurden keine Geschäfte gegen Bezugsscheine mehr gemacht und auch hinsichtlich Glas und Porzellan hatte die Firma Tausch nach dem Krieg nicht mehr viel zu bieten. Lediglich im Kunstgewerbe tat sich in jener Zeit eine neue Verkaufsquelle auf, da viele Frauen gezwungen waren, durch Handarbeiten oder Korbarbeiten Geld zu verdienen. Auch wenn diese selbstgefertigten Dinge nicht immer sehr schön waren, verkauften sie sich im Geschäft gut und oftmals zu einem stolzen Preis. Die Frauen selbst hatten nicht viel davon und wurden mit nur geringen Beträgen entlohnt.

Jeder musste nach Kriegsende sehen, wie er über die Runden kam, und die Menschen versuchten irgendwie, ihr Schicksal zu meistern. Ein schönes

Beispiel dafür ergab sich zum Osterfest 1946. Wir Angestellte von der Familie Tausch bekamen ein besonderes »Osterei«, nämlich zehn zinnerne Dosendeckel, wie sie für Konservendosen gebraucht wurden, die man wieder verwenden wollte. Darauf waren die Bauern besonders scharf, weil sie als einzige immer noch in der Lage waren, Fleisch, Fett und andere Erzeugnisse dauerhaft zu verarbeiten und haltbar zu machen. Die alten Tauschs machten uns darauf aufmerksam, dass wir mit den Dosendeckeln aufs Land gehen sollten, um sie den Bauern gegen ein halbes Pfund Butter oder Fett oder ein schönes Stück Speck zum Tausch anzubieten. Und das funktionierte! So machte auch ich mich auf den Weg zu einem alten Bauernhof.

»Sind Sie an Dosendeckeln interessiert?«, fragte ich.

»Ja, sehr gerne«, erwiderte der alte Bauer. »Lass gleich mal ein paar von den Deckeln da.«

»Und was brauchst du für deine Familie?«, fragte mich seine Frau. Es war ein Fest. Ich durfte mir ein großes Stück Butter und mehrere Scheiben Speck mitnehmen. Selig radelte ich nach Hause. Zusammen mit jeweils einem Ei pro Bezugsmarke pro Mann und dem lang vermissten Speck gab es erstmals seit Kriegsende ein herrliches Osterfrühstück. Wir waren ja so bescheiden geworden!

Aber ich bekam dann Ende März 1946 noch ein ganz besonderes Osterei, nämlich einen Brief von einer befreundeten Familie aus München. Mein Herz klopfte laut beim Öffnen des Briefes, hoffte ich doch inständig, etwas von Erich zu erfahren.

Der Brief war kurz und knapp, aber der Himmel auf Erden:

»Dein Erich, liebe Ruth, hat uns geschrieben. Stell dir vor, er ist in den USA. Dort ist er in Kriegsgefangenschaft.«

Welch eine Freude! Er lebte! Und dann die düstere Stimmung: Er war in Gefangenschaft! Wie es ihm wohl ging? War er verletzt? Ich grübelte viel in dieser Zeit und verlor noch mehr an Gewicht. Aber eine innere Hoffnung wuchs in mir und ließ mich die nächste Zeit gut überstehen. Dieser Brief war mehr wert als jedes Osterei, denn es war die erste Nachricht seit Februar 1945.

Doch dann, welch Schreck! Wenige Tage nach Ostern, es muss Anfang April 1946 gewesen sein, kamen zwei amerikanische Offiziere des CIC zur Firma Tausch. Es waren zwei große Männer in Uniform, die mich – natürlich auf Englisch – zu verhören begannen:

»In welcher Beziehung stehen Sie zu Erich Menzel?«

»Woher kennen Sie ihn?«

»Was haben Sie vor und welche Pläne haben Sie?«

»Kennen Sie die Pläne von Erich Menzel?« Es war schrecklich. Ein falsches Wort und ich konnte ihn in Gefahr bringen. Natürlich hatte er für die Nazis gekämpft, war für sie durch die Hölle gegangen, nicht nur im Flugzeug, sondern auch im U-Boot.

Aber keiner der Amerikaner konnte sich vorstellen, wie es gewesen war: Eine Weigerung, nicht das zu tun, was Hitler und seine Gefolgschaft anordneten, hätte den sicheren Tod bedeutet.

Ich antwortete ihnen nur in Bruchstücken, stammelte und war voller Emotionen und Angst: »Ich habe erst vor einigen Tagen über Freunde die erste Nachricht über ihn erhalten«, sagte ich und beobachtete ihre Reaktion. Doch sie ständen lässig vor mir, der eine fummelte mit einer Zigarette in der Hand herum. »Darüber war ich sehr glücklich!«, fuhr ich fort. Der andere Soldat schob sich einen Kaugummi in den Mund. »Wissen Sie, ich bin nämlich seine Braut, wir wollen heiraten ... «, mir stockte die Stimme. Dann redete ich weiter, wie von etwas angestoßen, das meine Zukunft bedeutete. »Ich bin so glücklich über dieses Lebenszeichen und warte auf weitere Nachrichten von ihm.«

Kein Wort kam mehr über ihre Lippen. Beide Offiziere schauten mich skeptisch an und drehten sich um, um mit großen Schritten das Gelände der Tausch-Firma zu verlassen.

Und nun überschlugen sich die Ereignisse. Ein weiterer Brief kam an. Ich konnte es kaum fassen. Er war von meinem Erich! Doch beim näheren Hinsehen waren da Striche und Bemerkungen zu erkennen, sodass ich wusste, der Brief war zensiert worden. Aber egal, es war die erste direkte Nachricht. Als ich den Brief las, war ich überglücklich.

»Mir geht es gut«, schrieb er. »Hoffentlich komme ich bald nach Hause zurück. Zu dir!« Ich rannte zu meinen Eltern.

»Stellt euch vor, Erich hat geschrieben. Es geht ihm so weit gut, er hofft, bald zu kommen.« Und dann nahm ich allen Mut zusammen: »Damit ihr es gleich wisst, der Erich gehört zu mir. Wir werden heiraten und ihr habt mit einem weiteren Familienmitglied zu rechnen.« Ihre Mienen sprachen für sich.

Mein Vater freute sich, das war eindeutig. Die Falten neben seinen Augen zogen sich in die Höhe und er fühlte mein Glück mit mir. Er hatte für meine Freude vollstes Verständnis. Das Gesicht meiner Mutter sah eher zweifelnd aus. Sie war wie immer etwas zurückhaltender – sie konnte sich einen neuen Partner an meiner Seite noch nicht vorstellen, vor allem nicht einen, der ihrer Ansicht nach noch keinen lukrativen Beruf aufzuweisen hatte. Es waren halt andere Zeiten.

Allerdings hatte mein Vater in der Zwischenzeit aufgrund der Zustände, die im damaligen Deutschland und in der sogenannten amerikanischen Zone herrschten, wenig Lust, in Deutschland zu bleiben. Die Situation schien sich zu drehen. Er wollte deshalb auch an Erich schreiben, um etwaige Auswanderungspläne zu eruieren. Ich verstand die Welt nicht mehr. Wir hofften, dass wir alle hierbleiben könnten, zumal Erich ja gerade aus der amerikanischen Gefangenschaft kommen sollte.

»Vati, warte erst einmal ab, lass mich klären, ob ich etwas über Erichs Rückkehr erfahren kann. Und wenn er dann da ist, dann können wir ja alle miteinander über die Zukunft reden.«

Der Krieg war vorbei, wir trauten uns wieder über kommende Zeiten nachzudenken. Wir atmeten durch und spürten ein wenig neue Freiheit. Nachdem ich noch weitere, ähnlich lautende Briefe mit Rückkehrabsichten von Erich erhalten hatte, versuchte ich – da ich immer noch über das CIC Verbindung nach Frankfurt am Main zum Hauptquartier des CIC hatte – dorthin zu fahren, um Einzelheiten über ihn und seine Ankunft zu erhalten. Gerade als ich mich Richtung Frankfurt aufmachen wollte, kam eine weitere Nachricht von ihm: »Stell dir vor, ich bin bereits in Deutschland, ganz in deiner Nähe. Aber es gibt wenig zu essen, die Lebensmittel sind knapp und karg.«

Sofort machte ich mich auf den Weg zum Hauptquartier des CIC. Die diensttuenden Offiziere ließen mich nur ungern vor, hörten aber schließlich meine Anfrage an.

»Können Sie mir sagen, ob ein gewisser Erich Menzel schon in Deutschland ist? Er hat mir mitgeteilt, er sei bereits in der Nähe.«

»Mal langsam, junge Frau, Ihr Erich Menzel ist tatsächlich da, wir wissen auch, wo er ist, aber wir sagen es Ihnen nicht.«

»Aber, warum denn nicht?«, fragte ich völlig enttäuscht zurück.

»Wir müssen ihn erst noch verhören und herausfinden, was alles mit und um ihn herum geschehen ist.« Mit diesen Worten wandte sich der Offizier, der mir wenigstens zugehört hatte, ab und ließ mich stehen. Frustriert fuhr ich wieder nach Eislingen zurück, also vollkommen unverrichteter Dinge.

Der 8. August 1946

Am 8. August 1946 erschien kurz vor Ende meiner Dienstzeit bei Tausch in Göppingen mein Bruder mit dem Auto.

»Was machst du denn hier?«, fragte ich ihn. Er war sehr aufgeregt und deutete mir an, nicht weiter zu fragen und ins Auto einzusteigen. Ich musste noch rasch klären, ob ich aus wichtigem Anlass meine Arbeit an diesem Tag vorzeitig beenden durfte und bekam die Erlaubnis!

Mein Bruder fuhr schnell, aber vorsichtig, und plötzlich befanden wir uns vor der Fabrik meines Vaters in Eislingen. Dort stand ein Mann vor dem Eingang der Fabrik. Sehr dünn und hager sah er aus. Ich sah ihn und konnte es nicht fassen: Erich stand vor mir! Mein Bruder feixte und freute sich riesig über den großen Coup, der ihm gelungen war.

Erich war in einem amerikanischen Jeep ganz plötzlich am Mittag vor dem Fabriktor erschienen, hatte unseren Hausverwalter Mäusnest – er hieß tatsächlich so – mit einer Schachtel amerikanischer Zigaretten überrascht und war bei meinen Eltern eingetroffen, die meinen Bruder umgehend nach Göppingen schickten, um mich abzuholen. Es war einer meiner schönsten Momente.

Wir lagen uns in den Armen, küssten uns und konnten es nicht fassen, dass wir den Krieg überlebt hatten. Alle weinten mit, meine Eltern, mein Bruder, ja, sogar Frau Lemppenau, unsere Quartierwirtin, wischte sich über die Augen. Dass die nächsten Stunden wie im Fluge vergingen, wird jeder verstehen.

»Haben Sie nicht ein Zimmer für unseren Wiederkömmling?«, fragte mein Vater unsere Wirtin. »Seien Sie doch so gut und machen Sie dies möglich.«

Neben dem Wohn- und Schlafraum gab es noch einen kleinen Bodenraum gegenüber von meinem Schlafzimmer, der auf das Dach der Spinnerei hinausführte. Diesen Raum, in dem sogar ein Bett war, stellte sie uns zur Verfügung. Als Erich ihn betrat, erlebte ich einen Schock, mit dem ich erst fertigwerden musste.

Er schaute sich das kleine Zimmer an, ging zum Fenster, blickte nach allen Seiten hinaus aufs Dach und bemerkte: »Der Raum ist richtig, von hier aus kann ich schnell fliehen, wenn ich verfolgt oder angegriffen werde.«

Ich konnte es nicht fassen. Es war doch wieder Frieden! Aber so war es: Erich war tief geprägt von den Geschehnissen – heute würden wir sagen, er war traumatisiert –, das Fluchtverhalten war in ihn eingebrannt und würde sich auch nicht so schnell wieder verflüchtigen.

In dieser Nacht schliefen wir nur wenig. Wir redeten und redeten, als müssten wir die vergangenen Monate nachholen. Was war an schrecklichen Dingen inzwischen geschehen? Welche Situationen hatten wir überstanden, in die wir einfach hineingestoßen worden waren? Doch wir hatten überlebt und eisern durchgehalten.

Die nächsten Tage verliefen sehr hektisch. Ich musste jeweils bis 15 Uhr bei Tausch arbeiten und Erich musste sich langsam wieder an die Zivilisation gewöhnen – insbesondere auch an den schwäbischen Amtsschimmel. Das konnte er nur sehr schwer ertragen, aber er nahm es mit Humor:

»Die Schwaben. Und sparsam sind die! Spare, spare, Hund abschaffe, selber belle.«

Das ging beim Bürgermeisteramt los, wo er sich umständlich anmelden und seine Lebensmittelkarten abholen musste. Erich hatte sich glücklicherweise von den Amerikanern entsprechende »Persilscheine« geben lassen, die ihn berechtigten, in Baden-Württemberg unterzukommen. Persilscheine wurden umgangssprachlich Schriftstücke genannt, die bescheinigten, dass jemand sich nichts hat zuschulden kommen lassen, er also eine »weiße Weste« hatte. Die Redewendung »jemandem einen Persilschein ausstellen« entstand nach dem Zweiten Weltkrieg in der Entnazifizierungsphase. Mutmaßliche Nazi-Verbrecher, die ihre Unschuld nur mithilfe von fragwürdigen Zeugenaussagen beweisen konnten, bekamen den Persilschein.

Dass mein Erich kein überzeugter Nationalsozialist war, sondern jemand, der gezwungen worden war mitzugehen, war eine Tatsache. Jetzt erwies es sich im Nachhinein als richtig, dass wir nicht wieder nach Leipzig zurückgegangen waren, denn Erich hatte von den Amerikanern den strikten Befehl, nicht in die russisch besetzte Zone zu gehen.

Was würde ihm dort passieren?, überlegte ich. Wahrscheinlich würden sie ihn verhaften – unter einem fadenscheinigen Grund. Ich wollte es mir gar nicht näher ausmalen, sondern nur mein Glück festhalten und genießen.

Erich musste also aufgrund seiner Tätigkeit in Amerika, von der wir nur bruchstückweise erfuhren, im amerikanisch besetzten Teil von Deutschland bleiben und sich in der ersten Zeit auch regelmäßig bei den amerikanischen Behörden melden. Also erteilte ihm der Bürgermeister, wenn auch ob der Vielzahl an Flüchtlingen mit zusammengebissenen Zähnen, die Aufenthaltsgenehmigung in Eislingen. Und mit der war auch die Zuteilung der spärlichen Bezugs- und Verpflegungsmarken verbunden.

Glücklicherweise hatte Erich in seinen beiden See-Säcken, die mit dem Jeep mitgekommen waren, etliche Stangen amerikanischer Zigaretten mit, und wir ahnten damals gar nicht, welchen Schatz er damit besaß. Eine Schachtel Zigaretten wirkte bei allen Dienstleistungen und Bestellungen Wunder – man konnte nahezu alles dafür bekommen. Wir tauschten Zigaretten gegen Butter, Zigaretten gegen Brot, Zigaretten gegen Kaffee und Zigaretten gegen so manche Reparatur.

Die erste Zeit verging also mit der Erledigung bürokratischer Dinge, dann nahm mein Vater Erich eines Abends beiseite, um mit ihm zu besprechen, wie er sich seine Zukunft und damit auch unsere vorstellen würde.

»Was sind deine Pläne für die Zukunft?«, fragte mein Vater mit hochgezogenen Augenbrauen. Das tat er immer, wenn er besorgt war. »Wie willst du Ruth denn ernähren? Wollt ihr vielleicht auch schon Kinder haben?«

»Auf jeden Fall will ich zunächst einmal studieren. Ich möchte gerne auf dem Gebiet der Schwachstromtechnik weiterkommen«, antwortete ihm sein zukünftiger Schwiegersohn und fuhr fort: »Ich glaube, Schwiegerpapa, ich werde die Genehmigung ohne große Schwierigkeiten aufgrund meiner Zeugnisse seitens der Amerikaner bekommen.«

»Und wie schaut es mit der Verlobung aus, so ganz offiziell?«, fragte mein Vater dann. »Du weißt, wir sind hier in einem gutbürgerlichen Haus untergebracht, da geht so ein schlampiges Verhältnis gar nicht.« Dabei lachte er ihn an und die beiden verstanden sich bestens. Ja, im Hause Lemppenau musste alles seinen ordentlichen und soliden Rahmen haben.

Eine ungewisse Reise in die Zukunft

Also feierten wir zunächst am 18. August im engsten Familienkreis, am 31. August dann mit den Eltern, ihren Freunden und Verwandten höchst offiziell Verlobung. Es gab wieder glückliche Momente, das Leben schien an Sonne gewonnen zu haben, es waren einfach schöne Tage, auch wenn es nicht viel gab und wir uns an allen Ecken und Enden einschränken mussten.

Unsere Verlobungsringe hatten wir uns aus den Trauringen meiner Großeltern anfertigen lassen. Meine Eltern hatten sie unter dem wenigen geretteten Eigentum aus Radebeul mitgebracht. Sie waren nach alter Sitte so breit, dass aus einem Ring gut zwei Trauringe für uns gefertigt werden konnten. Es war »gutes altes Gold«, das sich bis heute erstklassig gehalten hat und dies hoffentlich auch weiterhin tun wird. Lediglich die Inschriften – der 18. August 1946 – sind inzwischen verschwunden. Frau Lemppenau versprach uns, dass wir nach unserer Hochzeit ein zweites größeres Zimmer – quasi als Schlafzimmer – anstelle von Erichs kleiner Dachkammer erhalten würden.

»Das ist mein Geschenk an Sie, junges Brautpaar«, meinte sie lächelnd. »Und dann gibt es noch etwas dazu … « Und sie hielt uns ein Päckchen entgegen, das wir voller Spannung auspackten. Es war eines der ersten Geschenke für unser zukünftiges Heim. Wir hatten Mühe, unser Gesicht zu wahren: Eine Porzellanfigur, ein Affe auf einer Säule – bestimmt wertvoll –, blickte uns an. Am liebsten hätten wir sie fallen gelassen. Abends lachten wir noch darüber und wir haben sie nie vergessen – unsere gute Lucie Lemppenau, die uns viel geholfen hat. Sehr lieb waren wir zu dem Affen nicht und passten nicht gut auf, sodass das wertvolle Stück nach der rauen Behandlung die Spitze eines Ohres verloren hat.

Anschließend ging es an die Planung unserer Hochzeit. Den Termin hatten wir auf den 22. November mit den Eltern festgelegt und bis dahin, es waren ja nur knapp 12 Wochen, wollte vieles bewegt werden. Zunächst brauchten wir eine Genehmigung der Eislinger Kirche, da wir ja keine Württemberger waren. Dann wollten wir mit dem Pfarrer sprechen, der auch einverstanden sein musste. Dazu kamen die Vorbereitungen des Festes. Wir wollten im Gasthof Hirsch in Eislingen, der ganz in der Nähe der Kirche lag, nach der Trauung eine Feier mit Hochzeitsmahl haben, aber dazu mussten wir selbst recht viel beitragen.

Unser bereits erwähnter Freund, der die guten Verbindungen ins Rheinland hatte, versprach, für den Wein zu sorgen. Wir selbst legten alle Verpflegungsmarken zusammen, die wir erübrigen konnten. Die Hirsch-Wirtin beriet uns sehr gut: Auf Rinderzunge gab es doppelte Mengen für die Fleischmarken, Gemüse und Kartoffeln bekamen wir dazu. Für Suppe, Vor- und Nachspeise ließ sie sich etwas Besonderes einfallen, sodass ein recht ansehnliches Menü zustande kam. Noch heute essen wir in meiner Familie Rinderzunge zu Weihnachten und immer, wenn ich dieses Gericht zubereite, kommt die Erinnerung an das Wunder in mir hoch, nämlich das Wunder, dass wir lebten und eine Zukunft planen durften. Wie vielen ist das verwehrt geblieben!

Und dann gab es natürlich noch eine Schwierigkeit für uns beide: das Brautkleid und Erichs Hochzeitsanzug. Hier kam mir zupasse, dass ich durch meine Arbeit für die Amerikaner und dann auch bei Tausch eine Menge Leute kennengelernt hatte, denen ich hatte helfen können. Die freuten sich jetzt, mir etwas zurückgeben und nun mir behilflich sein zu können. So bekam ich über eine Schneiderin einen wunderschönen hellblauen Seidenstoff, der sich zusammen mit einem geschneiderten Diadem zu einem exzellenten Brautkleid verarbeiten ließ. Dazu war ich durch die Anstrengungen der Flucht und der daraus resultierenden Magenerkrankungen reichlich schmal geworden, sodass es schön weit gestaltet werden konnte.

Trotz aller schlimmen Kriegserlebisse war Erich sein Humor nicht abhandengekommen. Ich musste wegen meiner verschiedenen Wehwehchen einige Tabletten einnehmen. Da bastelte er mir die »Rutheinata« – die Rutheinnahmetabelle. So wusste ich immer, wann ich was einnehmen musste. Ich fand das ganz schön frech, habe aber mitgelacht, als er sie mir überreichte. Erich hatte von seinen Sachen, die er zu seinem Kriegseinsatz nach Japan mitgenommen hatte, einiges zurückbekommen, darunter

Erich und ich bei unserer Hochzeit

einen dunkelblauen Anzugstoff, der nun zu einem sehr schönen Hochzeitsanzug wurde.

Auch unsere Gäste – wir hatten außer den Gästen von der Verlobungsfeier noch Freunde aus München und eine Freundin von mir aus dem Gesundheitsamt eingeladen – hatten alle versucht, sich so gut wie möglich »in Schale« zu werfen, sodass es ein wunderschönes Fest wurde. Mäusenests kleine Zwillinge – ein Pärchen – streuten Blumen. Meine Eltern hatten dafür gesorgt, dass die Trauung von Musik umrahmt war. Und obwohl Erich nicht gerne tanzte, so fanden wir doch einen Brautwalzer, der uns unser ganzes Leben begleitet hat: »Tanze mit mir in den Himmel hinein, in den siebenten Himmel der Liebe.«

Wer hätte damals geahnt, dass wir es schaffen würden, nach vierzig Jahren unsere Rubinhochzeit, nach fünfzig Jahren goldene Hochzeit und sogar die diamantene Hochzeit nach sechzig Jahren feiern zu dürfen. Was für ein glückliches und gütiges Schicksal war uns beschert!

Als Trauspruch hatten wir eine Stelle aus dem Korintherbrief gewählt: »Nun aber bleibet Glaube, Hoffnung, Liebe, diese drei. Aber die Liebe ist die Größte unter ihnen.« (Kor. 13,13) Unter »Glauliho« – alias Glaube, Liebe, Hoffnung – haben wir uns diesen Spruch gemerkt – natürlich wieder ein Witz von Erich. Zu unserer diamantenen Hochzeit haben wir uns dazu passend Ringe mit drei Steinen machen lassen – Saphir, Rubin und Diamant. Traumstücke!

Leider konnten weder Erichs Eltern noch seine Schwester mit Mann, die am 13. Juli des gleichen Jahres geheiratet hatten, zu unserer Hochzeit kommen. Die Reise war viel zu umständlich und auch zu gefährlich, als dass man sie in jener Zeit, wo noch strenge Grenzkontrollen seitens der Russen und

Amerikaner bestanden, hätte durchführen können. Das war ein trauriger und schmerzlicher Moment für Erich, der seine Eltern und seine Schwester immer noch nicht wiedergesehen hatte. Aber wir wussten voneinander, dass es ihnen gut ging. Das einzige, was es gab, waren kurze Telefonate und Briefe. Aber diese konnten den persönlichen Kontakt nicht ersetzen.

Mein Hochzeitstag mit Erich war ein so wunderschöner sonniger Novembertag, dass wir nach der Trauung die wenigen Schritte zum Hirschen im Sonnenschein zurücklegen konnten. Nach dem Essen und dem Kaffee – sogar einen »echten« hatten meine Eltern auf dem Schwarzmarkt aufgetrieben – ging es dann nach Hause, wo wir noch gemütlich zusammen waren.

Dann aber mussten wir packen, denn wir wollten auf Hochzeitsreise gehen. Auf Hochzeitsreise! Meine Gedanken überschlugen sich und gingen zurück zu meiner ersten Hochzeit. Wie verschieden doch meine Gefühle waren. Liebesheiraten sind doch etwas anders als arrangierte Hochzeiten, dachte ich und dankte meinem Herrgott für diese wundersame Entwicklung. Dennoch fühlte ich den Schmerz des Verlusts um einen nahestehenden Menschen.

Erichs Freund, der in Inzell in Oberbayern in der Nähe von Traunstein daheim war, hatte uns durch seine Verbindungen ein Quartier im Gasthof Niederachen verschafft, wo wir zehn Tage bleiben wollten.

»Kommt nach Bayern«, schrieb er. »Das wird euch gefallen.« Länger als zehn Tage konnten wir uns nicht leisten, leider! Und zwar aus folgenden Gründen:

Wir wussten, dass Erich zurück zur Hochschule musste, da das Semester begonnen hatte. Er konnte es sich nach all den Schwierigkeiten, die ihm seine Immatrikulation bereitet hatte, nicht erlauben, auf viele Vorlesungen zu verzichten. Und auch ich musste wieder »Brötchen verdienen« und vor allem Essensmarken bekommen. Wenn mein Mann studierte, musste ich dafür sorgen, dass Geld ins Haus kam.

Aber zunächst war unsere Hochzeitsreise angesagt! So sind wir quietschvergnügt von Göppingen aus losgefahren. Der Nachtbummelzug nach München war total überfüllt. Ich habe die Nacht auf Erichs Schoß verbracht, geschlafen hat allerdings keiner. Am Morgen gegen 7 Uhr kamen wir in München an und mussten uns erst einmal nach dem richtigen Bahnhof durchfragen, denn in München war noch alles kaputt. Dann fuhren wir weiter nach Traunstein und mit dem Bus nach Inzell, wo wir per pedes, also zu Fuß, todmüde unseren Niederachener Gasthof erreichten.

Die Unterbringung war recht ländlich, die Zimmer ziemlich feucht und klamm – schließlich war es Ende November und dazu im Gebirge –, aber wir haben uns erst einmal ausgeschlafen und waren froh, zusammen zu sein.

Am nächsten Morgen suchte uns dann Erichs Freund auf und machte uns mit Inzell vertraut. Die Verpflegung in unserem Gasthof war recht deftig, wesentlich besser als in Eislingen, selbst

Fleisch – wenn auch recht fett – kam häufig auf den Tisch und die alten Wirtsleute hatten Freude daran, die mageren Städter ein wenig herauszufüttern.

»Esst, esst!«, riefen sie uns zu.

»Mogst noch a Stückerl Braten? Und a Bayerische Creme gibt's noch danach«, lachte mich die Wirtsfrau an.

Da es in die Adventszeit ging, lernten wir auch die Gebirgsbräuche kennen und wurden eines Abends vom Heiligen Nikolaus begrüßt und von seinen schwarzen struppigen Grambuzen ordentlich mit dem Besen verhauen. Die Dorfburschen kannten da keine Gnade.

Wir zwei Jungvermählte haben einander täglich neu entdeckt und viel, viel Spaß gehabt. Und gewichtsmäßig zugelegt haben wir auch. Eines Tages wollte uns Erichs Freund mit seiner Freundin die Besonderheiten des Falkensteins vorführen, der sich hinter Inzell erhebt. Wir begannen die Wanderung nach Tisch, also nach dem Mittagessen. Als ungeübte Wanderer brauchten wir natürlich wesentlich mehr Zeit für den Aufstieg und es fing an, dunkel zu werden. Ott-Heinrich führte uns, aber wir sahen bald keine Hand mehr vor Augen, es war stockfinster. Mir war es sehr mulmig zumute, tapfer setzte ich einen Fuß vor den anderen.

Plötzlich standen wir vor einem Abgrund, es ging nicht vor und zurück.

»Ja, verflixt«, rief Ott-Heinrich. »Wo sind wir denn da hingekommen?« Seine Stimme klang sehr kleinlaut.

»Was machen wir jetzt?«, fragte ich ängstlich. Auch mein Erich machte ein sehr finsteres Gesicht.

Ott-Heinrich beschloss: »Wir warten jetzt erst einmal die Nacht ab und machen ein Feuer.« Es war ihm etwas peinlich, dass er seine Gäste in eine solche Situation gebracht hatte. Er hätte es doch wissen müssen, wie man sich im Berg verhält. Aber Panik haben wir nicht gespürt.

Also machten wir ein Feuer an, was hieß, dass man sich in Bergnot befand und hoffentlich die Bergwacht auf den Plan rief. Eigentlich wäre es sehr gemütlich gewesen, wie wir da am Feuer saßen, wenn wir nicht die Kälte gespürt und die Dunkelheit gefürchtet hätten. Ich vermisste mein warmes Bett und fühlte die Müdigkeit.

Dann kam es genau so, wie wir gehofft hatten. Das Feuer war von den Bergwachtleuten bemerkt worden. Von unserem Standplatz – er war reichlich begrenzt und sehr kalt – sahen wir plötzlich von drei Seiten Gruppen mit Fackeln aus dem Tal heraufziehen.

»Hier sind wir, hierher«, riefen wir. So konnte man uns durch die Rufe bald orten. Die Bergretter versuchten nun, uns mit Seilen über die steile Wand nach unten zu befördern. Durch die geübte Bergwacht gelang das gut, wenn ich auch ziemlich »Schiss« vor dem Abstieg hatte.

»Halten Sie sich an mir fest«, rief einer der Bergleute. »Dann passiert auch nichts.«

Heil kamen wir unten an. Mir schlotterten die Knie, ich war mir sicher, den anderen ging es genauso.

So begann unsere ungewisse Reise in die Zukunft auch tatsächlich etwas unsicher. Aber das »Ungewiss« bezog sich eher auf die Furcht, nicht genügend Geld zu verdienen, um sich eine Zukunft aufzubauen.

Wieder daheim gingen erst einmal Erichs Studium und meine Arbeit bei der Firma Tausch wieder los. Und dazu versuchten wir, auf allen möglichen und unmöglichen Wegen, über Tauschgeschäfte das Mobiliar für unsere beiden Zimmer zusammenzubekommen. Das Wohnzimmerchen war relativ einfach, weil ich ja die Möbel dafür bereits hatte und das Zimmer im Ganzen sehr gemütlich war. Das Schlafzimmer war schwieriger. Ein normales, relativ altes Bauernbett konnten wir auftreiben, das sollte ich bekommen. Für Erich tauschten wir eine große Matratze ein, die wir auf vier Ziegelsteinen aufbauten, damit sie von unten belüftet war.

»Na, da kann es ja durchziehen«, meinte Erich. »Aber Hauptsache, ich habe wieder ein richtiges Bett für mich.« Dazu tauschten wir gegen Dosendeckel und auch gegen Erichs kostbare Zigaretten einen großen, alten Kleiderschrank, der unsere »zahlreiche« Bekleidung aufnehmen sollte. Ich glaube, ich besaß damals insgesamt so zehn Kleidungsstücke, da war aber alles inbegriffen. Heute unvorstellbar! Aber ich war zufrieden damit und hatte alles, was ich brauchte.

Und das war es vorerst. Ein Tisch, an dem Erich arbeiten und schreiben konnte, kam mit einem einfachen Stuhl noch dazu. Und wir waren glücklich mit dem, was wir wieder besaßen.

Wenn Erich und ich in Eislingen waren, nahmen wir mit den Eltern zusammen die Mahlzeiten ein, denn gemeinsam ließen sich die Lebensmittelmarken doch besser aufteilen. Gekocht wurde nach wie vor in der Spinnereiküche und wir mussten das Essen nach der Fertigstellung durch den großen Websaal tragen, wodurch es in vielen Fällen lauwarm am Tisch ankam. Aber geschmeckt hat es uns dank der hungrigen Mägen immer, auch wenn Erich Muckefuck, so hieß der Ersatzkaffee, anstelle von Sauce über die Kartoffeln goss.

Erich kam abends immer sehr geschafft aus Stuttgart zurück. Er musste frühzeitig mit dem übervollen Personenzug fast eine Stunde nach Stuttgart fahren, hatte dann den ganzen Tag über Vorlesungen in noch teilweise zerstörten und noch nicht wieder aufgebauten Hörsälen, bekam als Verpflegung nur Brot und zum Teil Karotten oder Tomaten mit – wenn es welche gab – und sollte dabei noch arbeiten. Am Abend stand dann noch die Ausarbeitung der Vorlesungen an. Aber er genoss alles, wenngleich er auch oft träumte und nachts hochschreckte.

»Wir sinken!«, schrie er. »Passt auf … « Ich konnte nur vermuten, dass es seine Erfahrungen auf dem U-Boot waren, die ihn so erschüttert hatten. Er kam dann in mein Bett und ich streichelte ihn beruhigend, bis er wieder einschlief.

So half ihm auch ab und zu ein lustiger Skatabend – Erinnerung an die alte Heimat Sachsen – mit meinem Vater und meinem Bruder.

»18, zwanzig, passe«, so hörte ich sie durch die Tür, wenn ich noch die Küche aufräumte.

Und es gab noch eine wunderbare Abwechslung in unserem Tagesablauf, nämlich die Möglichkeit, an dem im Wohnzimmer meiner Eltern befindlichen Flügel die Zeit zu vergessen. Wir haben in diesen Zeiten unendlich viel musiziert. Erich spielte sehr gut Klavier, hat sich immer wieder zusätzlich Geld verdient, indem er in Gaststätten spielte zur Unterhaltung der Gäste, die seine Musik sehr mochten. Auch seine Tätigkeit im Kino als Filmvorführer brachte etwas ein – ja, man tat so manches, um sich was leisten zu können.

Und das hat uns auch das erste Weihnachten, zu dem jeder von uns etwas Selbstgeschaffenes beigetragen hat, verschönt und erleichtert. Ich erinnere mich, dass ich versucht habe, Erich ein Paar Hausschuhe zu basteln, was aber leider ein Versuch geblieben ist. Er lachte nur und versuchte diese Schlappen anzuziehen, aber sofort schauten seine Zehen vorne heraus.

»Aber mit Liebe gemacht«, strahlte er mich an. So hat jeder die Bemühungen des anderen voll anerkannt. Die Geschenke waren ja auch nicht wichtig, die Hauptsache war, dass wir alle wieder zusammen waren. Und am Horizont spiegelte sich die Hoffnung, dass das Leben bald für uns alle leichter werden würde.

Allerdings hat sich diese Hoffnung Anfang des Jahres 1947 erst einmal verflüchtigt. Mein Vater wurde – als angeblicher Militarist – von der damals allmächtigen »Spruchkammer« mit Arbeitsverbot belegt.

Die Spruchkammer war eine gerichtsähnliche Institution, die nach dem Zweiten Weltkrieg in den drei westlichen Besatzungszonen zur Entnazifizierung eingesetzt war. Die Entnazifizierung war von den Amerikanern zunächst in ihrer Besatzungszone in deutsche Hände gegeben worden und zu diesem Zwecke waren die Spruchkammern als Laiengerichte eingerichtet worden. 13 Millionen volljährige Deutsche mussten in der US-Zone Fragebögen ausfüllen, in denen abgefragt wurde, ob man Mitglied der NSDAP oder einer ihrer angeschlossenen Verbände gewesen war und wie die berufliche und finanzielle Situation aussah.

Darüber hinaus wurde mein Vater durch ein Eingreifen der Kötitzer Ledertuch in Coswig als seinerzeitiger Direktor und Werksleiter aus der Firma geworfen, weil man meinte, dass er mit den Nazis kollaboriert habe. So standen wir plötzlich wieder vor dem Nichts. Die damalige Zeit glich einer Achterbahnfahrt mit Höhen und Tiefen.

Erich besuchte für meinen Vater die Spruchkammerverhandlungen, soweit dies bei seiner Belastung möglich war, und erfuhr, worauf es bei den einzelnen Plädoyers ankam. In einer entscheidenden Verhandlung wurde mein Vater dann als Mitläufer eingestuft, erhielt zwar seine Position in der Göppinger Stofffabrik »Kaliko« nicht zurück, durfte aber ein eigenes Ingenieurbüro aufmachen und für sich selbst werben. Da mein Vater ein anerkannter Fachmann auf dem Gebiet der Kunststoffindustrie war, fand er glücklicherweise im Rheinland Firmen, die sich auf dem Kunststoffsektor vergrößern wollten, zumal es in Bezug auf Leder oder Kunstleder keine Firmen gab, die sofort produzieren konnten. Wir waren wirklich stolz auf ihn, wie er sich trotz der Vorwürfe wieder aufrappelte und seinen neuen Weg – auch für uns – ging.

Ein Kind in diesen Zeiten?

Zur gleichen Zeit merkte ich, dass unser Leben zu zweit nicht mehr lange so weitergehen würde. Ich erwartete ein Baby. Zunächst brachte diese Nachricht die gesamte Familie in Unruhe.

»Wie soll das denn gehen?«, fragte meine Mutter. »Und ist es denn nicht zu früh? Musste das jetzt schon sein?« Und dann die Moral: »Ihr seid doch erst seit November verheiratet!«

Der Erste, der sich fing, war mein Vater. Er war richtig glücklich, ein Enkelkind zu bekommen, und hat mir rührend alle Wege geebnet. Für ihn war sofort klar, dass ich meinen Dienst bei Tausch aufgab und in seine Beraterfirma wechselte. Schließlich brauchte er eine Sekretärin und dieser konnte er ein – wenn auch bescheidenes – Gehalt zahlen.

»Das passt doch prima«, meinte er. »Du wirst bei mir als Sekretärin eingestellt und bekommst auch einen Lohn.« Wir sollten nicht unselbstständig sein. Dazu richteten wir zunächst provisorisch einen Arbeitsplatz für mich im Wohnzimmer ein. Vati selbst war viel unterwegs, weil er aquisitorisch in Uhldingen (bei der Weberei), in Wickrath bei der dortigen Lederfaserfabrik und in Salach bei der Spinnerei für seine Ideen warb und zu unserer Freude Erfolg hatte. Für ihn war dies bei seinem damals doch sehr angeschlagenen Gesundheitszustand die beste Medizin.

»Wenn er arbeiten kann und dazu noch Erfolg hat, ist es gut für ihn und sein Herz«, sagte ich zu meiner Mutter, die sich natürlich immer wieder Sorgen machte.

Wie besprochen kündigte ich also bei der Firma Tausch. Meine Vorgesetzten haben dies wirklich bedauert und mich in den folgenden Zeiten rührend unterstützt, sei es mit Babyflaschen, Flaschenwärmern (eine große Kostbarkeit, die aus den hintersten Ecken hervorgesucht wurde) oder Babytellern.

Ich zog nach Eislingen, bekam natürlich jetzt Zusatznahrung und -gemüse und genoss es, nicht mehr anstehen zu müssen, sondern in den Geschäften zuerst bedient zu werden und vielleicht das eine oder andere Gemüse vor den anderen zu erhalten. Und die Familie genoss das mit.

Dazu konnte ich mich neben der relativ leichten Arbeit bei meinem Vater mehr um Erich kümmern, der durch seine Studienbelastung und sein immer noch andauerndes Kriegstrauma diese Zuwendung wirklich brauchte.

Gleichzeitig wurde mein Vater mit der Vertretung eines Feuerlöschsystems der Firma Gloria betraut. Nach den Erfahrungen des Krieges waren Feuerlöscher jetzt für die ganz langsam wieder errichteten Neubauten ein Objekt, das jeder für sich gebrauchen konnte. Und wieder konnten wir uns engagieren und uns einsetzen. Innovative Ideen waren an der Tagesordnung. So haben dann Erich, mein Bruder und ich in der sparsamen Freizeit »Klinken geputzt«. Wir haben für die Feuerlöscher geworben und dies mit nicht geringem Erfolg. Wir konnten anscheinend recht gut verkaufen. Nachdem ein gewisser Prozentsatz für uns heraussprang, war dies natürlich auch für uns ein erfolgreicher Job.

»Wir brauchen eine Babyausstattung«, meinte ich zu Erich. »Wir können das Kind nicht einfach in dein Bett legen.« So richteten wir uns auf das kommende Leben zu dritt ein. Ein Stubenwagen wurde erhandelt, wir konnten ihn günstig aus zweiter Hand bekommen und mit Gardinenstoffen handgenäht sehr reizvoll ausstatten, denn wir waren überzeugt, dass dank meines »Spitzkühlers« – mein Bauch zeigte weit nach vorne – das Baby ein Junge werden würde, so wie ihn sich Erich sehr wünschte.

Es ging mir während der gesamten neun Monate blendend, was auch dafür sprach, dass es ein Bub werden würde. Abends, wenn Erich aus Stuttgart zurück war, gingen wir in den Feldern spazieren, damit ich beweglich blieb. Und dabei passierte es in der letzten Juliwoche, dass ich über einen Bach »hüpfte« – so gut fühlte ich mich. Wir haben dabei noch gelacht, denn das Kind bewegte sich danach stark in meinem Bauch. Aber wir maßen dem keine weitere Bedeutung zu, mir ging es ja gut. In der Nacht zum 4. August merkte ich jedoch, dass mein Baby nicht länger in mir bleiben wollte.

Früh um 5 Uhr – die ganze Familie war natürlich munter – hat mich mein Bruder ins Göppinger Krankenhaus gefahren, wo mich ein junger Assistenzarzt untersuchte und feststellte, dass es ganz sicher ein Mädchen werden würde – er könne das ertasten. Ich war sehr enttäuscht, denn Erich wünschte sich ja so sehr einen Jungen. Aber das Baby wollte absolut noch nicht ans Licht der Welt kommen, obwohl die Wehen immer stärker wurden und ich inzwischen ein Taschentuch komplett zerbissen hatte.

Mittags kam der Chefarzt, der mich im Laufe des Nachmittags erneut untersuchte und feststellte: »Na, Ihr Baby möchte wohl mit der Kehrseite zuerst heraus, anstatt mit dem Kopf. Und das kann dauern, junge Frau«, fügte er hinzu.

Und es dauerte und dauerte und das Ganze schlauchte mich entsprechend. Heute hätte man einen Kaiserschnitt gemacht, aber das war 1947 nicht üblich. Abends um halb 7 nach vielen, vielen Presswehen kam dann endlich unser Baby – und es war ein Junge! Der Assistent hatte sich geirrt, weil er beim Abtasten den Po des Babys für die Scheide gehalten hatte.

Ich war mehr als glücklich. Alle vorhergegangenen Strapazen waren vergessen, als ich meinen runden, kleinen Sohn in die Arme nehmen konnte. Er war trotz der schlechten Zeiten mit über drei Kilogramm ein exzellentes Baby und wurde dank seiner kleinen Speckfalten im Genick von den Schwestern als »Herr Kommerzienrat« bezeichnet. Um 20.30 Uhr kamen dann ein stolzer Papa und ein ebenso stolzer Onkel zur ersten Besichtigung, von der allerdings unser Sohn nichts wissen wollte, sondern sich mit der kleinen Faust über die Augen wischte, als wollte er sagen: Bitte, lasst mich nach der Anstrengung schlafen.

»Aber er ist mir ähnlich, nicht wahr?«, frohlockte Erich und war sehr ergriffen, als er seinen Sohn in den Armen hielt. Über ihn hat der Papa ein wunderschönes Album angelegt, das ich weitergeführt habe. Erich ließ sich im Übrigen »Daddy« von seinen Kindern nennen, das hatte er aus Amerika mitgebracht. Aber im Laufe der Jahre wurde er dann doch eher zum »Papi«.

Die unglaublichen Zeiten des Wirtschaftswunders, aber auch der Trennung

Nach der Geburt meines ersten Sohnes im August 1947 in Göppingen zogen wir nach Marbach in eine größere Wohnung um. Durch meine Berufstätigkeit und Erichs zusätzliche Einnahmen als Vorführer im Kino konnten wir uns das leisten. Sehr stolz bezogen wir unser erstes eigenes Heim.

Doch dann passierte etwas Schlimmes, denn eines Tages rief meine Mutter ganz aufgelöst an: »Stellt euch vor, der Vati ist einfach beim Strümpfeanziehen umgefallen.«

Wir konnten nichts mehr tun, er hatte einen Sekundentod erlitten. Sein Herz hatte nicht mehr mitgemacht. Leider hat er seinen geliebten Enkel nur kurz erlebt. Es gibt ein Bild, an dem unser Sohn ganz traurig an seinem Grab sitzt. Hat er damals geahnt, wie sein Schicksal werden würde? Wohl kaum.

Es war eine schwere Zeit für mich, hatte ich mich doch mit meinem Vater sehr gut verstanden, wie meine Erzählung zeigt. Er war ein Fels in der Brandung für mich gewesen, wir »tickten« einfach gleich, während hingegen meine Mutter immer kritisch und »ete petete« und auf Anstand bedacht war. Sie war völlig hilflos ohne ihren Mann und sowohl mein Bruder als auch wir mussten nun für sie ständig da sein und sie unterstützen. Unseren zweiten Jungen, den ich im August 1951 bekam, nannten wir im zweiten Namen nach meinem Vater: Gerhard.

Die Eltern Menzel blieben im »Osten« und bauten in Lengefeld im Erzgebirge ihr Zuhause auf. Mein Schwiegervater arbeitete dort in der Sparkasse gleich neben seinem Wohnhaus. Leider verstarb seine Frau, die Mutter meines Erich, sehr früh an Tuberkulose.

Erich hat schließlich sein Studium als Diplom-Ingenieur abgeschlossen. Während einer seiner letzten Prüfungen passierte etwas sehr Berührendes:

Als er am Prüfungstag zur Tür hereinkam, winkte ihn sein Professor zu sich und sagte:

»Na, Menzel, Sie schauen aber blass aus. Haben Sie Hunger?« Erich war natürlich aufgeregt und hatte tatsächlich nichts gegessen. Daher nickte er und der Professor deutete auf einen Teller voller Kirschen und sagte: »Bitte, bedienen Sie sich.« Das entspannte die ganze Situation und die Prüfung verlief sehr gut. Dankbar erinnerte sich mein Mann immer an diesen Moment der Großzügigkeit. Und Kirschen waren damals nicht so einfach zu bekommen.

Erich bekam dann seine erste Anstellung in Ulm an der Donau. Und wieder wurde ich schwanger. Eigentlich hatten wir das gar nicht vorgehabt.

Mein Mann meinte: »Na, prima, dann bekommen wir halt unseren dritten Jungen.«

Ich aber wünschte mir ein Mädchen. Als es so weit war und in einer Novembernacht 1954 die Wehen einsetzten, dachte ich mir: Das hat bei den Jungs

Meine Tochter Karin

auch immer lange gedauert. Erich ist gestern erst spät nach Hause gekommen und so müde. Ich lasse ihn noch etwas schlafen. Doch dann kamen die Wehen im Minutentakt.

»Schnell, wach auf, wir müssen in die Klinik«, weckte ich Erich. Eilig machten wir uns auf den Weg. Wie damals üblich, war der Mann bei der Geburt nicht dabei. Erich fuhr ins Büro und ich bekam nur eine halbe Stunde später mein Mädchen. Als man ihn anrief, fiel er fast in Ohnmacht.

»Was? So schnell ist es gegangen, das hätte ja übel ausgehen können.« Da er ganz weiß im Gesicht war, brachten ihm seine Kollegen erst einmal einen Schnaps. Erleichtert kam er in die Klinik und beim Anblick der Tochter meinte er: »Ein Mädchen!« Nichts wurde aus der Idee des Skatspielens zu dritt. Aber er freute sich sehr.

Für ihre Taufe hatte ich ein extra süßes Kleidchen genäht und war sehr stolz, es zu präsentieren. Doch in der Kirche, im Ulmer Dom, schrie die Kleine wie am Spieß.

»Kein Wunder«, schnaubte der Pfarrer. »Sie haben das Kind ja viel zu kalt angezogen.« Das verdarb mir die Laune mit meinem tollen Kleidchen, aber trotzdem feierten wir fröhlich.

So war unsere Familie nun komplett. Der Wohlstand wuchs, es ging uns gut – wir konnten es kaum fassen. Ich machte sogar den Führerschein und wir gingen auf kleine Reisen. Und immer wieder zogen wir um, die Kinder lernten, sehr flexibel zu sein und konnten ihre Koffer in Rekordzeit packen. Leider mussten sie und auch wir wiederholt neu gewonnene Freunde zurücklassen. Die Karriere von Erich forderte ihren Tribut.

Wir bauten unser Leben auf und unsere Familie gedieh. Auf unsere Drei waren wir stolz und ich gab irgendwann jegliche Zusatzarbeit auf, um mich ganz der Familie zu widmen. Heute ist das freilich anders, aber damals war es einfach so, eine Frau war daheim und als »Hausfrau« für die Familie und den Mann bestimmt. Wenn Erich von der Arbeit kam, war er immer sehr erschöpft und legte sich aufs Sofa, ich brachte ihm die Hausschuhe und eine warme Jacke. Bevor er kam, zog ich immer ein hübsches Kleid an und hängte die Küchenschürze weg. Dass ich dann noch den ganzen Abend kochte, putzte und die Kinder versorgte, um dann spät völlig geschafft auf den Sessel zu fallen, war selbstverständlich für mich – wie für viele Frauen meines Alters.

Manchmal dachte ich mit Wehmut an mein Medizinstudium zurück und stellte mir vor, wie es gewesen wäre, wenn ich wirklich eine praktizierende Ärztin geworden wäre. Aber ich konnte mein Wissen daheim einsetzen und viele unserer Freunde konsultierten mich zu verschiedenen Wehwehchen.

Ein wesentlicher Grund, warum ich wirklich daheimbleiben musste, war meine Mutter. Leider baute sie nach und nach ab, vergaß Dinge, konnte sich nicht erinnern und schien oft nicht mehr zu wissen, wo sie war. Auch wenn wir uns nicht ganz so gut verstanden hatten, ich liebte sie trotzdem und kümmerte mich intensiv um sie. Schließlich musste ich sie in ein Pflegeheim geben.

Und dann konnten wir auch endlich Vater Menzel wiedersehen. Er reiste an und wir fielen uns um den Hals.

»Wie schön, es ist nicht zu fassen, einmalig«, so strömte es aus ihm heraus.

Viel war ja inzwischen passiert. Seine Frau war verstorben, die russische Besetzung war spürbar, ab und zu fühlte er sich im Hause der Tochter und ihrer Familie nicht recht wohl, was aber vielleicht mehr an ihm lag.

Daher ergab es sich dann 1959, dass der »Willy Opa Menzel« ganz zu uns kam und bei uns einzog. So waren wir zu sechst in der Familie. Eigentlich war es ganz einfach: Der Krieg hatte uns so runtergezogen, dass es eigentlich nur wieder bergauf gehen konnte. Man sparte und freute sich über sein neues Guthaben, so bescheiden es zunächst noch war. Aber die Erinnerung an die Kriegszeiten war noch groß und es gibt eine Geschichte, die ich immer wieder erzählte.

Wenn die ganze Familie gemeinsam am Sonntag frühstückte, gab es gekochte Eier, aber auch Spiegeleier. Erich nahm seinen Teller mit dem Spiegelei, das er so gern mochte, und sagte zu uns:

»Schaut mal her. So müsst ihr das Spiegelei essen.« Und er schnitt das Eiweiß außen herum weg, nahm das Eigelb auf die Gabel, ohne es zu zerstören, und schob es genüsslich in den Mund. Die drei Kinder schauten erstaunt zu ihm und machten es sofort nach.

»Warum machst du das so?«, fragten sie.

»Ihr müsst das Spiegelei immer so essen. Wenn es unbeschadet in eurem Mund landet, dann kommt ihr sicher wieder runter und heim. So haben wir das immer gemacht. Bevor wir im Krieg in unsere Flugzeuge gestiegen sind, haben wir Spiegeleier gegessen und fest daran geglaubt, dass wir nicht abgeschossen werden und dass wir nicht abstürzen, wenn die Spiegeleier unbeschadet in unserem Mund landen.« Seitdem war dies ein fester Brauch in unserer Familie.

Und zwei weitere, eigentlich harmlose »Kriegsfolgen« wirkten in unserer Familie nach. Unsere Tochter hat am meisten darunter gelitten. Nicht nur, dass sie dieselben Platzängste wie Erich hatte – sie konnte im Kino oder Theater nicht in der Mitte sitzen –, nein, sie fühlte sich auch am wohlsten, wenn sie im Restaurant in der Ecke saß, niemanden hinter sich. Der Einfluss ihres Vaters auf sie war groß, es war ein inniges Vater-Tochter-Verhältnis, und so nahm sie in sich auf, was er immer sagte:

»Setz dich in den hintersten Winkel eines Raumes mit niemandem hinter dir, dann kann kein Gewehr auf dich gerichtet und geschossen werden.«

Schlimmer war die Auswirkung auf das Fliegen. Die Erinnerungen an die Zeit als Kampfpilot kamen immer wieder hoch.

Erich musste beruflich ja viel reisen und stets hieß es vor dem Abflug: »Jetzt steige ich wieder in den Sarg hinein.« Und tagelang vorher war er schon ungenießbar und angespannt, so viel Angst hatte er vor den Flügen. Das bekam die ganze Familie zu spüren. Kein Wunder, war er doch vor dem U-Boot-Einsatz als Pilot in Kampfeinsätzen immer in der Gefahr gewesen, abgeschossen zu werden. Leider hat er diese Angst auf seine Tochter übertragen, die noch heute sehr unter Flugangst leidet.

Seit einigen Jahren trafen wir auch immer wieder Erichs Schwester und deren Familie, natürlich auch deshalb, weil Opa Menzel bei uns lebte. Wir freuten uns über unsere Verbindung und unsere Kinder freuten sich darauf, ihre Cousine wiederzusehen. Lange hatte die Familie gebraucht, bevor sie sich aus der russischen Besatzungszone getraut hatten. Sie wollten Lengefeld partout nicht verlassen. Doch die Einflüsse in der russischen Zone spürten sie oft genug zu ihrem Nachteil. Wer nicht der Meinung der Regierung war, wurde schikaniert und kam beruflich nicht vorwärts; zum Teil auch Schlimmeres. Jedes Wiedersehen war sehr ergreifend, aber besonders dann der Abschied, so als hätten wir es alle geahnt, was irgendwann passieren würde.

»Niemand hat die Absicht, eine Mauer zu errichten«, sagte noch der DDR-Chef Walter Ulbricht. Und dann geschah es doch. Im Radio kam es stündlich: »Eine Mauer zwischen Ost- und West-Berlin wird gebaut.« Familien wurden auseinandergerissen, viele versuchten noch, in die Freiheit zu fliehen. Aber für die Schwester von Erich und ihre Familie war es zu spät. Lengefeld in Sachsen war zu weit weg. Die Erschütterung, als am 13. August 1961 tatsächlich die Mauer errichtet wurde, war bei uns allen riesig und steckt mir noch heute in den Knochen.

Als seine Schwester bei uns war, hatte Erich sie noch beschworen: »Bleibt doch hier, baut euch hier etwas auf. Ich helfe euch, ich habe viele Verbindungen.« Auch er ahnte wohl, was passieren würde. Doch sie reisten zurück nach Lengefeld und wir sollten sie lange nicht wiedersehen.

Opa Willy blieb bei uns und wurde fester Bestandteil der Familie. Häufig besuchte uns seine Schwester Ella, die wir sehr mochten. Sie war Köchin von Beruf und verwöhnte uns mit ihren Spezialitäten: Quarkkeulchen waren ein sächsisches Highlight oder eingelegte Makrelen. Ihr Mann Arthur war im Krieg eines Tages einfach von zu Hause abgeholt worden. Es muss ein traumatischer Moment gewesen sein. Ella wusste nicht, warum und wieso, ein letzter Kuss und die Worte: »Ich komm schon wieder.«

Arthur kam aber nicht wieder – er war vielleicht in ein Lager verbannt worden, verhungert, erschossen oder gefallen. Ella hat nie mehr etwas von ihm gehört und ihr Töchterlein hat ihren Vater nie kennengelernt. Trotz dieses grausamen Schicksals bewahrte Ella ihren Humor und sie hat unserer Familie mit ihren Sprüchen immer gutgetan. Beim Verteilen des Taschengeldes sagte sie zu Erich: »Gib mit warmer Hand.« Oder wenn jemand einen blöden Spruch machte: »Du kannst mit mir reden wie mit 'ner Dummen, nur nicht so lange.« Sie war im heutigen Sinne »modern«, verstand die Anliegen der Kinder, und wenn wir nicht da waren, passte sie gut auf sie auf – zusammen mit ihrem Bruder Willy.

Erich und ich konnten daher immer wieder mal ohne Kinder verreisen – sodass wir auch Zeit für uns fanden. Das war bitter nötig, denn es hatte eine Episode zwischen Erich und einer Frau gegeben, die mich stark erschüttert hatte. Gerade bei Faschingsfeiern ließ der Alkohol Hemmungen fallen. Ich hatte schon überlegt, mich scheiden zu lassen, aber mit drei Kindern – was hätte ich denn machen sollen? Wir Frauen waren abhängig von unseren Männern, zweifellos. Die Lebenslust nach dem schrecklichen Krieg und den Belastungen der Aufbauzeit war einfach so enorm, die Freude am Leben so unbeschreiblich, dass es eben über Grenzen ging. Schließlich habe ich ihm verziehen, wir waren ein gutes Team und ich liebte ihn und er mich.

Auch die Kinder waren eine Freude für uns, wenngleich es in Sachen Gesundheit einige einschneidende Erlebnisse gab:

Im Winter 1962 klingelte es eines Tages an der Haustüre. Als ich öffnete, wankte mir mein ältester Sohn entgegen. Er hatte sein Zimmer oben im

Dachgeschoss und versorgte von dort aus immer wieder zwei Tauben.

»Sie sind auf dem Dach festgefroren«, brachte er noch heraus, bevor er zusammenklappte. Um ihnen zu helfen, war er aus seinem Fenster gestiegen, abgerutscht und direkt neben dem Geländer aufgekommen, das zum Keller führte. Drei Stockwerke war er hinuntergestürzt. Was für einen Schutzengel hatte er gehabt! Er hätte tot sein können, kam jedoch mit einer schweren Gehirnerschütterung davon.

Meine Tochter bekam in dieser Zeit Polio und wir mussten sie in die Bethel-Klinik bringen. Ich hatte viel Angst um mein Mädchen. Doch da sie noch vor der Infektion geimpft worden war, verging die Krankheit. Allerdings hat es lange gedauert, bis sie in der Schule wieder voll einsatzfähig war.

Zu guter Letzt bohrte sich unser Zweiter einen Draht ins Auge, doch Gott sei Dank am Sehnerv vorbei. Auch das ging glimpflich aus!

Wie gut, dass ich meine medizinischen Kenntnisse hatte. Ich bildete mich durch entsprechende Fachliteratur auch immer weiter und war daheim die »Hausdoktorin«.

Und wieder zogen wir um, nach Niedersachsen. Dort bauten wir unser erstes eigenes Haus. Opa bekam darin ein eigenes Appartement. Ich war stolz und glücklich.

Eine sehr traurige Geschichte verdarb uns jedoch die Freude: Eines Tages fanden wir unseren Schäferhund Wasso tot in seinem Zwinger, und es stellte sich heraus, dass ein Nachbar Rattengift in den

Zwinger hineingeworfen hatte. Er hatte sich von dem Gebell des Hundes – und Wasso bellte wenig – gestört gefühlt.

»Ein Hund ist eine Sache«, sagte der Polizist auf dem Revier, als mein Mann eine Anzeige aufgeben wollte. »Da können wir nichts machen.« Voller Wut rief Erich bei der Bild-Zeitung an und es erschien tatsächlich am Tag darauf eine rote Schlagzeile auf der letzten Seite: »Nachbar vergiftet Hund. Welch eine Gemeinheit!« Ja, das war es, doch wir wollten unbedingt wieder einen Vierbeiner und zwar diesmal einen Schäferhund. Wir beide, Erich und ich, waren ja mit Schäferhunden aufgewachsen, und so sollte es auch weiterhin sein.

Ich war nicht mit von der Partie, als Erich mit unseren jüngeren Kindern zu einem Hundezüchter fuhr. Mein Gesicht muss Bände gesprochen haben, als das Auto vorfuhr, die Tür aufging und ein Hund heraussprang, nein zwei. Die drei hatten es nicht übers Herz gebracht, die Zwillinge namens Quax und Quox vom Deistertal auseinanderzureißen. Na, die zwei bringe ich auch noch durch, dachte ich und seufzte laut angesichts der vielen Arbeit, die auf mich zukam.

In diese Zeit fielen auch die vielen Anstrengungen und Versuche, die Verwandten in der DDR zu unterstützen. Zum einen fuhren wir wiederholt mit unserem Käfer nach Lengefeld. Erich fuhr nicht mit, zu groß war seine Angst, er könnte wieder verhaftet werden – diese Kriegsangst hat er nie abgelegt. So machte ich mich also wieder einmal mit den Kindern auf den Weg. Es war ein beklemmendes Gefühl an der Grenze, der Wagen wurden durchsucht, die Stimmung war gespannt, wir hatten Angst.

»Was haben Sie vorne in der Motorhaube?«, fragte der Grenzpolizist. Ich öffnete die Haube. Es kullerten zahlreiche Klorollen heraus. Unsere Verwandten hatten darum gebeten, weil das Papier bei ihnen so hart wäre.

»Nu, was is'n das?«, staunte der Polizist. »Woll'n Sie mich veräppeln?«

Daraufhin verbrachten wir längere Zeit an der Grenze und das Auto wurde halb zerlegt. Die Volkspolizisten, »Vopos« genannt, suchten immer in erster Linie nach verstecktem Alkohol, Kaffee oder gar Fleisch oder Wertgegenständen. Wer gegen Auflagen verstieß, musste mit unangenehmen Fragen rechnen, im schlimmsten Fall wurde man abgeführt und länger vernommen. Gott sei Dank beruhigte sich der Vopo wieder und wir durften weiterfahren.

Die Rückreisenden durchsuchten sie dann nach Flüchtenden, die sich im Auto oder im Abteil der Züge versteckt hatten und in den Westen wollten. So etwas habe ich, aber auch meine Kinder erleben müssen.

So gibt es die Geschichte von Ella, die mit meiner Tochter per Zug in die DDR fuhr. An der Grenze kamen die Vopos ins Abteil.

»Alle raus«, herrschten sie die beiden an.

Und unsere Ella erwiderte: »Nu, ich alte Pumpelhucke, ich werde doch sitzen bleiben dürfen.«

Das durfte sie, und alles wurde durchsucht. Dann fuhr der Zug weiter, die Kontrolle war beendet. Da hob Ella ihr Kleid hoch – ein schwarzes, langes Kleid mit weißem Spitzenkragen – und darunter befanden sich Sekt- und Schnapsflaschen, die sie von ihrem Schwiegersohn mitbekommen hatte für die Verwandtschaft. Es war im Nachhinein lustig, aber eigentlich gefährlich. Auf der Rückfahrt dieser Reise – so hat es mir meine Tochter erzählt – hat man an der Grenze einen Mann unter dem Zug herausgezogen, der völlig verdreckt war, er wurde durch Hunde gestellt und begleitet abgeführt – ein Bild, das meine Tochter noch lange beschäftigte.

Wir haben unsere Verwandtschaft nie im Stich gelassen, sondern sie auch durch Pakete unterstützt. Als mein Schwager in das Pensionsalter kam, reiste er natürlich sofort über die Grenze zu uns. Wir hießen ihn herzlich willkommen und freuten uns über seinen Besuch. Er aber, wortkarg, wie er nun einmal war, kaufte einen Eimer Waschmittel, leerte ihn aus, packte den Quelle-Katalog hinein und fuhr wieder nach Hause. Von dem Zeitpunkt an schickten meine Schwägerin und ihre Tochter Bestellwünsche aus dem Katalog, das waren manchmal Dinge, die wir im Westen schon lange kannten, aber wir konnten viele ihrer Wünsche erfüllen. Die Krönung war später die Bestellung eines VW-Golf per DDR-Intershop. Eine verrückte Zeit, die für die in der DDR Verbliebenen nicht einfach war.

Mord und Terror auch im Frieden – eine Ahnung für immer?

Unser eigenes selbst gebautes Haus mussten wir nach drei Jahren schon wieder verlassen. Die Arbeit rief Erich nach Frankfurt. Das tat weh, aber es half nichts, wir alle mussten mit und das Haus wurde verkauft. Jetzt kam uns mein finanzielles und organisatorisches Geschick zugute. Alle merkten es, dass ich nicht nur Hausfrau sein wollte. So beschäftigte ich mich mit Bauten, Finanzen, Grundstücken und verbesserte dabei immer mehr mein Verhandlungsgeschick. So kam es, dass ich im Taunus ein Grundstück mit Haus fand. Es war eine Traumlage – Blick auf Frankfurt, Schulen und Geschäfte in der Nähe, einfach ideal. Das Grundstück war aber viel zu groß für unsere Familie. Ich verhandelte – es war riskant. Ich kaufte das ganze Grundstück in der Hoffnung, jemanden zu finden, der die Hälfte davon abnahm. Bis dahin aber hatte ich die volle Last der Kosten für das Grundstück zu tragen.

Noch nie hatte ich meinen Erich so wütend gesehen: »Du bist ja wahnsinnig! Wenn der nicht zusagt, sind wir ruiniert. Die Kosten können wir doch allein nicht stemmen!«

Wir stritten uns heftig, als unsere Tochter kam und sagte: »Seid wieder lieb zueinander und vertragt euch.«

Da schauten wir uns in die Augen und Erich murmelte: »Na, dann schauen wir mal, was passiert. Hoffentlich geht es gut!«

Und tatsächlich: Ich traf einen sehr reichen Immobilienvertreter, der die Hälfte des Grundstücks abnahm. Das war unser Einstieg in ein sehr großzügiges Leben. Nun konnten wir das Haus renovieren und sogar einen kleinen Anbau realisieren, in den unser Opa Willy glücklich einzog.

Doch nach einiger Zeit merkten wir, dass es ihm nicht gut ging. Ein hoher Blutdruck und einige Altersbeschwerden machten ihm zu schaffen. Er wollte unbedingt noch mal zu seiner Tochter in den Osten fahren. Erich brachte ihn trotz seiner Bedenken, in die DDR zu fahren, hin, nach Lengefeld ins Erzgebirge, seine eigentliche Heimat, wo der Opa einige Zeit bleiben wollte. Doch dann ging es ihm immer schlechter, sodass sein Sohn ihn wieder heimholte.

Unvergessen ist der 20. August 1970, als unser Opa Willy starb. Obwohl er todkrank war, wartete er, bis alle der Familie ihn noch einmal gesehen hatten. Denn es waren Sommerferien und die Kinder waren bei Freunden oder zum Sprachenlernen in England. Meine Tochter hatte ihrem Opa noch eine Eule mitgebracht, eine Muschel auf einem Stein.

Wir waren alle sehr, sehr traurig. Seine Tochter und die Enkelin konnten natürlich nicht zur Beerdigung kommen, die brutale Mauer hinderte sie daran. Dass 19 Jahre später die DDR sich auflösen und die Mauer fallen würde, hat mein Schwiegervater nicht mehr erlebt.

Beerdigt wurde Opa Willy auf dem Friedhof in Falkenstein, an einem sehr schönen ruhigen Platz. Ein großer Baum steht neben dem Grab, Eichhörnchen hüpfen herum.

»Da hat er es gut und kann sich wohlfühlen«, weinte sein Sohn und wir beide waren uns einig: Auch wir wollten hier beigesetzt werden, war es doch eine unserer schönsten Zeiten, die wir hier verbrachten. Die Kinder waren noch im Hause, Erich war auf dem Höhepunkt seiner beruflichen Entwicklung und ich fühlte mich an diesem herrlichen Fleck Erde sehr wohl, ja, zu Hause.

Die Eule, die meine Tochter ihrem Opa mitgebracht hatte, nahm ich zu mir und startete meine legendäre Eulensammlung. Diese weisen Tiere hatten es mir angetan und ich bekam als Geschenk oder Mitbringsel unzählige Eulen – große, kleine, dicke und dünne aus aller Welt. Manchmal kaufte ich mir selbst eine. Auf ihre Füßchen schrieb ich dann immer, woher ich die Eule hatte. Es wurden an die 1200 Eulen, die mit mir meinen Lebensabend verbringen sollten.

Mir ging es damals richtig gut, nur kleine Wehwehchen machten mir zu schaffen. Aber ich sagte immer: »Das vergeht schon wieder.« Und so war es auch.

Die Kinder gingen inzwischen ins Gymnasium, unser »Großer« studierte bereits. Das war unser Ziel: Die drei sollten eine gute Schulausbildung bekommen und danach studieren, egal wie schwer sie sich dabei taten. Heutzutage ist es schon ganz anders. Der Mangel an Fachkräften zwingt zum Umdenken.

In diese doch so glückliche Zeit fiel der Schrecken der RAF. Die Studentenunruhen der 68er Jahre waren die Vorboten. 1970 hatte sich dann die RAF gegründet, nach der Befreiung von Andreas Baader aus der Haft. 1998, nach 28 Jahren, löste sie sich auf. Sie ist für 34 Morde, zahlreiche Banküberfälle und Sprengstoffattentate verantwortlich.

1977 hatte der Terror der Roten Armee Fraktion seinen Höhepunkt erreicht: Im April verübte die RAF einen Mordanschlag auf den Generalbundesanwalt Siegfried Buback, bei einem misslungenen Entführungsversuch im Juli erschossen die Terroristen Dresdner-Bank-Chef Jürgen Ponto und Anfang September entführten RAF-Mitglieder den Arbeitgeberpräsidenten Hanns-Martin Schleyer. 44 Tage dauerte die Geiselnahme Schleyers, die mit dessen Ermordung endete. Erich hatte Jürgen Ponto gekannt und sein Tod nahm ihn sichtlich mit. Es war eine andere Angst, die diese Terroristen auslösten, als die uns bekannte Kriegsangst, aber sie war seit diesen Jahren immer bei uns präsent. Auch den Tod von Alfred Herrhausen am 30. November 1989, dem Geburtstag unserer Tochter, bekamen wir unmittelbar mit. Erich kam mit steinerner Miene nach Hause und berichtete, dass Herrhausen durch ein Sprengstoffattentat in seinem Wagen getötet worden war.

Ich konnte es kaum fassen. Ging es uns nicht gut genug? Hatten wir alle nicht inzwischen zu essen und einen ordentlichen Lebensstandard? Warum versuchte man, uns als »Spießer« und »Kapitalistenschweine« hinzustellen? Nach den 68er-Revolten ging der Widerstand genau gegen die »Großkopferten«, gegen uns, die wir uns emporgearbeitet hatten. Das Establishment wurde verhöhnt und zahlreiche Demonstrationen fanden statt.

Schlimmer noch wurde es in Erlangen, wohin wir 1975 umzogen. Wir bauten wieder einmal und ich hatte die Bauaufsicht, war die Finanzchefin und ganz in meinem Element. Doch es war gefährlich geworden in Deutschland. Wir schwebten in einem seltsamen Gefühl zwischen Wohlstand und der Angst, wieder alles zu verlieren – ja, das eigene Leben wieder in Gefahr zu wissen.

Wir wohnten in einer besonderen Gegend, in der viele Manager ihre Häuser gebaut hatten. Daher wurden wir von der Polizei angerufen.

»Zu Ihrer Sicherheit müssen Maßnahmen an Ihrem Haus vorgenommen werden.« So wurden, kurz nachdem wir eingezogen waren, gleich die Fenster wieder ausgetauscht. Scheiben mit Panzerglas, durch die man nicht durchschießen konnte.

»Damit hier keiner Sie gefährden kann, zumal in Ihrer Nähe ein bekannter Vorstandsvorsitzender einer Firma wohnt. Da kann es leicht zu Übergriffen kommen«, erklärte uns der Sicherheitsbeamte.

»Jetzt haben wir doch gerade alles fertig, alles ist geputzt, und jetzt wieder der Dreck von vorne!«, schimpfte ich. Aber es half nichts, es musste sein.

Ein altes, bekanntes Gefühl kam in mir hoch, Angst vor Unbekanntem, vor Gefahr. Und dann bekamen wir noch Notknöpfe in einigen Räumen, das waren runde Geräte mit einem roten Knopf darin, den man im Notfall und bei Gefahr drücken konnte. Daraufhin wäre sofort die Polizei erschienen.

Man kann verstehen, dass ich mich allein im Haus, wenn mein Mann wieder auf Reisen war, nicht hundertprozentig wohlgefühlt habe.

Und die Vorsichtsmaßnahmen waren nicht unberechtigt. Am Morgen des 9. Juli 1986 musste man hilflos mit ansehen, wie nach nur 800 Metern Fahrt kurz hinter dem Ortsausgang von Straßlach eine Bombe zielgenau explodierte. Der blaugraue BMW des Siemens-Managers Karl Heinz Beckurts wurde quer über die Straße geschleudert und er und sein Chauffeur Eckhard Groppler waren sofort tot. Die Täter sind bis heute nicht gefasst. Zu dem Anschlag bekannt hat sich die Rote Armee Fraktion. Wie die weitere Entwicklung dieser terroristischen Vereinigung war, ist bekannt.

Die politische Lage normalisierte sich irgendwann, und so richteten wir es ein, dass ich meinen Mann bei seinen vielen Reisen, oftmals ins Ausland begleitete. Gefangen von seinen Ängsten wollte er in Hotels vor allem nachts nicht mehr allein sein.

Ich genoss diese Reisen, kamen sie doch meinem Naturell entgegen. Keine Wiederholungen, ständig etwas Neues, neugierig die Welt aufsaugen, kein Stillstand und schon gar nicht Eingesperrtsein. Nachdem Erich pensioniert worden war, holten wir alles so richtig nach.

»Unsere Jugend wurde uns gestohlen!«, sagten wir zu unseren Kindern. »Jetzt sind wir dran. Viel Zeit für das Hüten eurer Kinder haben wir nicht.«

Und wir reisten und reisten – in aller Herren Länder. Zahlreiche Alben, die wir unseren Kindern hinterlassen würden, zeugen davon. Ich machte mir hier besondere Mühe. In den Fotoalben finden sich Aufnahmen, aber auch Fahrscheine, Speisekarten, Erinnerungen an schöne Momente eben. Ich klebte die schönsten Fotos ein, schrieb auf der Schreibmaschine noch einen kleinen Text dazu und schuf damit wunderbare Dokumente unserer Erlebnisse. Und von jeder Reise brachte ich mir eine Eule mit oder mein Erli schenkte mir eine oder zwei. Die Sammlung wuchs.

Tolle Eindrücke nahmen wir mit, immer im Bewusstsein, dass es uns richtig gut ging, es aber in anderen Ecken der Welt ganz anders aussah. Die Angst vor Kriegen blieb. Und die Angst vor den Russen. Mit Recht – wenn ich gewusst hätte, dass russische Soldaten eines Tages wieder in andere Länder einmarschieren!

Wir verbrachten also wunderschöne Tage und Monate im Ausland, freuten uns jedoch immer darauf, wieder in die Heimat zu kommen. Häufig dachten wir an unseren Freund Hans, der an Erichs Seite im Krieg gekämpft hatte. Er war eines Tages als Funker in russische Kriegsgefangenschaft geraten. Sie hatten Hans Meurer schon den Strick um den Hals gelegt und wollten ihn aufhängen, als ein Offizier kam und sagte: »Den könnt ihr laufen lassen.«

Warum das geschehen war, weiß Hans bis heute nicht. Das Gefühl des drohenden Todes hat er auf jeden Fall nie vergessen. Genau wie die Freude darüber, überlebt zu haben. Er heiratete nach dem Krieg eine Amerikanerin und wusste, dass er niemals mehr nach Deutschland zurückkehren würde. Wir haben eine enge Freundschaft mit dieser Familie gepflegt, sie auch immer wieder in Amerika besucht und dabei stets festgestellt, dass Hans großes Heimweh nach Deutschland hatte. So konnten er und seine ganze Familie die deutschen Weihnachtslieder mit allen Strophen besser singen, als wir das jemals gekonnt hatten.

Die Jahre gingen dahin und wir überlegten uns, von Erlangen wegzugehen, zumal unsere Tochter inzwischen in München lebte. Unsere Söhne hatten sich inzwischen in der Nähe von Erlangen und in der Pfalz niedergelassen. Aber wir trafen alle drei Familien regelmäßig und freuten uns über unsere Nachkommen.

Was hatten wir für ein Leben hinter uns. Eine schöne Kindheit, eine grausame Jugend, eine entbehrungsreiche Zeit als junge Eheleute, eine Aufbauphase in Beruf und Familie, eine spannende Zeit an verschiedenen Orten, wunderbare Reisen und Erlebnisse und schließlich wurden wir sogar neunfache Großeltern. Aber die Kinder waren alle ausgeflogen, das »Amselnest« war leer und wir überdachten unseren weiteren Weg.

Schon lange waren wir uns darüber klar, dass wir eines Tages unseren Kindern nicht zur Last fallen, sondern in ein Seniorenheim gehen wollten. Damit würden wir unsere Unabhängigkeit behalten und selbstbestimmt leben können. Vielleicht war das Beispiel von Opa Willy, der uns doch manchmal angestrengt hatte, richtungsweisend.

»Na, Mrs. Expensive«, fragte mein Mann mich. »Können wir uns das leisten?« Er nannte mich schon lange »Mrs. Expensive«, weil ich nicht sparen, sondern das Leben genießen wollte und auch durch meine Herkunft Luxus schon immer gewohnt war. Dieser Tatsache war ich mir durchaus bewusst, ja, fast war ich sogar ein bisschen stolz darauf. Außerdem war ich der Finanzchef in unserer Familie geworden, hatte mir ein umfangreiches Wissen über Finanzen zugelegt, liebte es zu spekulieren und mit Aktien zu handeln. Erich war durch seinen Beruf immer so belastet gewesen, dass er mir diese für ihn ungeliebten Dinge überlassen hatte. Auch deshalb passte der Spitzname gut zu mir. So konnte ich dahingehend kalkulieren, dass wir uns einen großzügigen Lebensabend würden leisten können.

»Aber ich gehe nicht gleich in ein Heim«, sagte ich. »Weißt du was, wir siedeln uns in der Nähe eines Seniorenstifts an und wenn es notwendig wird, ziehen wir um.« Genau so machten wir es. 1992 wurde eine kleinere Wohnung in Roth unser eigen, das Haus in Erlangen haben wir verkauft. Ein bisschen wehmütig waren wir schon, als wir die Tür hinter uns schlossen, war es doch eine herrliche Zeit dort gewesen. So zogen wir also in eine sehr hübsche Vier-Zimmer-Wohnung ein – mit Blick auf das Seniorenheim, in das wir in einigen Jahren wechseln wollten.

Aber von Anfang an gingen wir hinüber und durch den schönen Park. Es gab dort eine Skatgruppe, der wir gleich beitraten. Skat spielten wir beide seit unserer Jugend, Skat war auch immer das Spiel mit unserem Opa Willy gewesen. Zwar konnten Willy und auch Erich nicht verlieren und es hatte so manchen Ärger gegeben, wenn sie nicht so gewannen wie erhofft, aber es war ein Spiel, das die grauen Hirnzellen forderte und uns schöne Stunden bereitete. Der Vorteil war, dass wir dadurch schon lange vor unserem Einzug Kontakte gewannen und dies kam uns wirklich zugute, als es so weit war. Und wir konnten unsere Wohnung einfach abschließen und verreisen, das Leben wurde einfacher.

Die Familie – immer eine heile Welt?

Unsere Kinder hatten inzwischen das Elternhaus verlassen und geheiratet. Aus allen war etwas geworden. Wir haben ihnen viele Enkelkinder zu verdanken und darüber waren wir sehr froh. Aber leider gab es nicht nur glückliche Entwicklungen.

Wenn ich auf uns als Ehepaar schaue, so waren wir durchaus glücklich, wenngleich ich vieles runtergeschluckt habe. Erich war derjenige, der den Ton angab. Lief etwas nicht nach seinem Willen, so konnte er unangenehm werden. Schlimm waren auch sein Sarkasmus, seine Anspielungen, er zog gerne auf Kosten anderer etwas ins Lustige.

Ich hatte manchmal Angst vor ihm, wie folgendes Beispiel zeigt: Ich wollte ihm einen Gefallen tun und seinen Wagen in die Garage fahren. Leider bin ich an der Garagenwand hängen geblieben. Ich erstarrte vor Furcht. Was würde Erich sagen? Würde er einen Wutanfall bekommen? Kurzum, ich fuhr den Wagen in die Werkstatt und ließ ihn sofort reparieren, erst später habe ich dann meinem Mann das Ganze gebeichtet. Ich glaube, er hat damals gemerkt, wie sehr er einschüchtern konnte.

Ansonsten war er meist ein liebevoller Partner und Vater, nur vor Schlägen waren auch unsere Kinder nicht sicher. Oftmals bin ich dazwischengegangen, was mir die Bezeichnung »Pudding« einbrachte.

Gewalt und Missbrauch innerhalb der Familie gibt es auch heute. Damals habe ich jedenfalls beobachtet, dass die Familie nach außen immer heil und intakt sein musste; was im Inneren vor sich ging, wurde totgeschwiegen.

Zunächst schienen alle drei Kinder in ihren Beziehungen glücklich zu sein. Unser Ältester hat sehr früh geheiratet und vier Kinder bekommen – eines mehr als sein Vater, darauf war er stolz. Erich und er waren sich ähnlich, nicht nur äußerlich, sondern auch innerlich. Er war immer in Konkurrenz zu seinem Vater und versuchte, es ihm gleichzutun. Leider hielt die Beziehung nicht und zerbrach.

Was meinen anderen Sohn anbelangt, so hatte er immer Geldsorgen, was nicht nur seine eigene Familie, sondern auch uns belastete.

Meine große Freude war meine Tochter, mit der ich mich gut verstand, die mich stützte und mich immer wieder in meiner Seniorenresidenz besuchte. Manchmal war ich neidisch auf ihre Jugend, wollte so aussehen wie sie. Wir machten manchmal auf Schwestern, aber das gab sich, je älter wir beide wurden.

Meine Tochter bekam zwei Jungen: Der ältere war unser großer Freund und er ist seinem Opa Erich sehr ähnlich. Wir haben ihn sehr verwöhnt als Kind, was natürlich den Neid der anderen hervorrief. Das ließen sie ihn auch spüren und mein Enkel isolierte sich von seinen Cousins und Cousinen. Ein weiterer Grund war die Tatsache, dass der zweite Sohn meiner Tochter autistische Züge hatte und dies erst sehr spät nach und nach erkannt wurde. Ich habe meine Tochter immer bewundert und auch meinen Schwiegersohn, dass sie ihren Jungen immer mitgenommen und zu ihrem besonderen Kind gestanden haben. Für meinen Mann war es sehr schwer zu ertragen, dass einer seiner Enkel ein behindertes Kind war, und es fiel sogar der Satz: »Früher hätte es so etwas nicht gegeben.« Meine Tochter war darüber sehr erschüttert, aber sie hat ihm verziehen, weil sie wusste, wie sehr er von seiner Jugendzeit geprägt worden war.

Ich selbst hingegen mit meiner medizinischen Vergangenheit beobachtete genau, wie sich der Junge entwickelte. Ich interessiere mich für das Phänomen Autismus und versuchte, mit dem Jungen Kontakt aufzunehmen, so gut es möglich war. Er hat sich toll entwickelt, auch dank seiner Eltern, und ich freue mich jedes Mal, wenn er zu mir kommt und mich umarmt, was für einen Autisten gar nicht so selbstverständlich ist. So heißt es auch bei uns, wie überall: »Unter jedem Dach ein Ach.«

Auf der Zielgeraden

Und so ist auch meine Sehnsucht nach dem Ort meiner Kindheit und Jugend leicht erklärt. Mehrfach waren wir in Sachsen, in Dresden und Radebeul und Lengefeld. Aber die erste Rückkehr 1990 – die Mauer war ein Jahr zuvor gefallen – war nach langer Zeit eine besondere. Der Mauerfall hatte uns zu Tränen gerührt. Plötzlich konnten wir wieder in die alte Heimat fahren, unsere Verwandten wiedersehen, ohne Angst vor Verfolgung haben zu müssen. Wir fuhren zusammen mit meiner Tochter und ihrer Familie. Ein bisschen aufgeregt waren wir schon, als wir das Ortsschild von Radebeul sahen. Eigentlich sah alles so aus, als hätte es die Zeit dazwischen nicht gegeben.

Aber statt in einer alten Villa unterzukommen, übernachteten wir im Hotel Steigenberger. Was für ein Luxus in Radebeul! Wir staunten. Am nächsten Tag suchten wir unsere ehemaligen Häuser. Die Meister-Villa war eigentlich noch in einem ganz guten Zustand, sogar die Mulde des Schwimmbades im Garten war zu sehen. Ich setzte mich gleich auf die Treppe des Beckens und fühlte mich in alte Zeiten versetzt, spürte den Wind vergangener Zeiten, schloss die Augen und sah meine Familie im Haus und Garten. Leider öffnete niemand, als wir klingelten. Das Haus war vermietet und Näheres konnten wir nicht herausfinden. Die Wohnung der Menzels in Radebeul konnten wir nicht mehr finden, das Haus muss wohl abgerissen worden sein.

Dafür aber standen wir auf einmal vor der Schule von Erich, einem alten ehrwürdigen Gymnasium. Andächtig schritt Erich die Stufen zum Eingang hinauf, berührte eine Tafel, die im Flur stand. Tränen hatte er in den Augen, es ging ihm alles ganz nah. Immer wieder rief er seinen Enkel zu sich, um ihm ganz genau zu zeigen, was wo gewesen war.

»Ich werde meine Memoiren schreiben«, sagte er zu ihm. »Da kannst du dann alles genau nachlesen und der Nachwelt weitergeben.«

Auch ich ging an meinem damaligen Luisenstift vorbei – mit gemischten Gefühlen. Würde ich wieder hierher zurückkehren wollen? Darüber sprachen wir am Abend beim Rotwein.

»Das war eure Kindheit und Jugend, aber jetzt seid ihr fest in Westdeutschland verankert«, sagten die Kinder zu uns.

»Ja, wir haben diesem Teil des Landes viel zu verdanken«, sagte ich. »Außerdem sind wir nun in Bayern, wo wir immer hinwollten, und in der Nähe von euch wollen wir auch sein.«

Unser Enkel war von Karl May begeistert und sein Opa zeigte ihm stolz alle Orte, wo er selbst als Junge gewesen war. Wir zehrten noch lange von dieser Reise.

Und immer wieder staunten wir, was sich alles in Sachsen seit der Wende getan hatte. Viele neue Bauten waren errichtet, alte modernisiert worden. Äußerlich, so schien es uns, passierte viel, aber in den

Herzen der Ost- und West-Deutschen würde es lange dauern, bis man sich angenähert hatte. Man sprach von den Ossis und Wessis, fast wie von verschiedenen Völkern. Gut sprach man nicht übereinander, ja, es gab sogar diejenigen, die wieder nach der Mauer riefen. Wie erbärmlich!

So fuhren wir auch nach Lengefeld, der Heimat von Opa Willy und seiner Tochter und Enkelin. Hier hatte sich nicht viel getan, fast öde wirkte das Dorf. Die jungen Leute waren weggezogen. Lange standen wir vor dem Haus, in dem die Menzels gewohnt hatten. Daneben war immer noch die Sparkasse, in der Opa Willy gearbeitet hatte. Er hatte damals wirklich den kürzesten Weg zur Arbeit.

Und dann war da noch unsere Reise nach Norwegen. Lange standen wir an der Hafenmauer in Kristiansand und Erich sagte:

»Hier bin ich mit dem U-Boot losgefahren. Ich habe nicht gedacht, dass ich dieses Kommando überleben würde.« Der Gedanke an dieses Abenteuer hat ihn nie wieder losgelassen.

Dazu passte eine weitere Begebenheit, die eigentlich der berührendste Höhepunkt unserer «Wiedersehensreise» mit alten Wendepunkten unseres Lebens war. Wir besuchten Kiel und die U-Boot-Gedenkstätte. Lange verharrten wir vor den langen Steelen, in die die Namen der verschollenen U-Boote eingraviert waren.

»U237, U236, U235, U233, U232«, las Erich vor und die Tränen stiegen ihm in die Augen.

»U234 ist nicht dabei, welch ein Glück und Gottes Geschick!«, meinte ich und dachte an den August zurück, in dem meine große Liebe wieder nach Hause zurückgekehrt war.

Und so machten wir eine Reise nach der anderen. Es gab jedesmal einen »Menzelschen Reiseplan«, den wir unseren Kindern hinterließen.

»Damit wisst ihr, wo wir sind und wann wir wieder zurückkommen.«

»Alt werden ist nichts für Feiglinge«, so lautet der Titel der Biografie von Joachim Fuchsberger. Das galt auch für uns. Das eine oder andere Zipperlein beschäftigte mich, aber auch Erich. Schon lange war ich in Behandlung wegen meines Herzens. Und ein hartnäckiger Husten verfolgte mich eigentlich mein Leben lang.

Die Jahrtausendwende und neue Schicksalsschläge

Das neue Jahrtausend haben wir festlich zusammen mit meiner Tochter und ihrer Familie in einem Hotel begrüßt. Als es Mitternacht schlug, nahmen wir uns an den Händen und dachten an alles, was wir erlebt hatten. Wir waren uns bewusst, welch positives Schicksal uns vergönnt gewesen war.

Die Gläser erklangen beim Anstoß und wir sagten: »Ein neues Jahrtausend beginnt. Eine neue Zeit! Voller Frieden und Glück.« So glaubten wir jedenfalls und starteten mutig in das vor uns liegende Jahrzehnt.

Doch die Welt stand still, als 2001 die Twin Towers des World Trade Center in New York durch Flugzeuge angegriffen wurden und der Terrorismus neue Nahrung fand. Nachdem ich im Radio davon gehört hatte, dass Terroristen absichtlich die Türme in New York und das Pentagon ins Visier genommen hatten und Tausende Menschen den Tod fanden, riefen wir der Reihe nach die Kinder an, um sicher zu sein, dass es ihnen allen gut ging. Eine typische Reaktion in einer Ausnahmesituation: Schauen, ob es den Lieben gut geht. Amerika war nach diesem Tag erschüttert bis ins Mark und Europa mit dazu – düstere Vorahnungen befielen uns.

2003 taten wir den Schritt, von dem Erich – wie immer etwas sarkastisch – sagte: »Jetzt gehen wir ins Seniorenheim. Hier kommt man nur waagrecht wieder hinaus.« Ein wunderschönes Appartement bezogen wir im Wohnstift und fühlten uns von Anfang an sehr wohl. Wir lernten interessante Menschen kennen und fanden neue Freunde. Nur mochte Erich oftmals lieber in seiner Wohnung bleiben, während ich wirklich gerne mit Gruppen weggefahren wäre oder mich fortgebildet hätte. Immer noch wollte ich mehr vom Leben, es aus vollen Zügen genießen. Doch so war ich es gewohnt: Ich gehörte an die Seite des Mannes, dem zu dienen ich aus Liebe zu meiner Verpflichtung gemacht hatte.

Als Ärztin, wenngleich ohne offiziellen Abschluss, erkannte ich zu meiner Bestürzung, dass mein Mann in eine neue Phase der Vergesslichkeit eintrat, wenngleich noch lange nicht an Demenz oder ähnliches zu denken war. Er wurde nur oftmals auffälliger, machte seine Späße zu ungünstigen Zeitpunkten, sodass ich immer dabei war, ihn zu verteidigen oder die Situation zu klären. Aber noch ließ sich die neue Entwicklung gut verbergen.

Und dann ereilte uns ein schwerer Schicksalsschlag, der uns und unsere ganze Familie erschüttern sollte. In unserem Feriendomizil fiel unser Erstgeborener, einen Tag nach seiner Ankunft, in der Früh tot um. Er wollte mit uns Urlaub machen und war in Begleitung seiner Schwiegermutter, die mich in der Früh holte. Ich tat mein Möglichstes, versuchte ihn zu beatmen, machte Herzmassage, aber es war zu spät. Er war tot.

Und ich erkannte: Das hast du schon einmal erlebt, bei deinem Vati. Als er umfiel, war es auch ein Sekundentod, der nicht mehr zu ändern war.

Erich reagierte geschockt. Zum Glück hatten wir unsere Tochter, die immer wieder mit uns telefonierte und uns beriet, was wir tun sollten. Aber uns blieb nicht viel anderes übrig, als im heißen Spanien einer sofortigen Verbrennung des Leichnams zuzustimmen.

Erich sagte: »Wir fahren zurück nach Deutschland. Und die Urne, die kommt in den Kofferraum. Ich bringe meinen Sohn heim.« So umgingen wir alle Behörden und machten es möglich, dass unser Großer ordentlich daheim begraben werden konnte.

Es war abenteuerlich. Die Schwiegermutter fuhren wir auch heim, sie war ganz verwirrt. Ganz zu schweigen von seinen vier Kindern, die diese Katastrophe erfahren mussten. Dass wir in ein tiefes Loch stürzten, versteht sich. Ich versuchte meinen Mann so gut zu stützen wie ich konnte, aber er verkroch sich immer mehr, spann sich ein – wie in einen Kokon. Und es kam, wie es kommen musste, seine Tage waren gezählt.

Doch zuvor machte ich selbst schlapp. Mein Herz wollte nicht mehr so richtig und mein Arzt sagte: »Entweder, Sie lassen sich eine neue Herzklappe einsetzen oder Sie haben fünfzig Prozent Chance, noch in diesem Jahr zu versterben.«

Meine Tochter brachte mich nach Leipzig, eigentlich in die Nähe meiner alten Heimat, wo mir eine neue Herzklappe nach modernster Technik eingesetzt wurde. Als ich meinen Geburtstag am 6. April dort im Krankenhaus feierte, war es der erste Tag nach der Intensivstation.

Es war unendlich schön, als mein Mädchen das Fenster des Zimmers aufmachte, die Frühlingsluft hereinwehte, eine große Ruhe – nach dem ständigen Geklingel auf der Intensivstation – einzog und wir beide nur schwiegen und den Moment genossen. Im Namen von allen schenkte meine Tochter mir ein goldenes Herz.

Und daheim, im Seniorenheim, wechselten sich die Enkelkinder ab, ihren Opa zu betreuen, so lange, bis ich wieder in der Lage war, heimgebracht zu werden. Alle haben damals zusammengeholfen, das hat mich sehr erfreut.

Als ich am Haupteingang der Seniorenresidenz vorgefahren wurde, stand da mein Erich und schluchzte: »Mami, Mami.« Er war unendlich erleichert, dass ich den Eingriff gut überstanden hatte. Auf eine Reha habe ich natürlich verzichtet und zugestimmt, sie vom Heim aus zu machen. Ich wollte bei meinem Erli sein. Und das war auch bitter notwendig. Er wurde immer verwirrter, wiederholte stundenlang meinen Kosenamen – »Mäusi, mein Mäusi« –, wurde schwächer und war schließlich kaum noch ansprechbar. Es war eine schwierige, wenn auch noch gemeinsame Zeit.

Zu meiner Tochter sagte ich später immer wieder: »Das Schönste für mich war, dass ich bei ihm sein durfte, bis er einschlafen konnte.«

2009 ist Erich dann von mir gegangen. Es war ein schwerer Moment. Er hat aber nicht lange leiden müssen. Mittags genoss er sogar noch ein Karpfenfilet, nur danach ging es ihm immer schlechter, sodass ich unseren Hausarzt rief.

Die Ängste aus alten Zeiten kamen wieder und erst am Abend, als ich ihn ins Bett brachte, beruhigte er sich. Meine Tochter konnte noch mit ihm telefonieren und sagte: »Papi, nicht paniken …«

Er aber antwortete: »Ich kann nicht mehr.« Dann ist er friedlich eingeschlafen. Ich konnte es nicht fassen und holte einen Handspiegel – so wie ich es im Krieg im Krankenhaus oft gemacht hatte – und hielt ihn vor seinen Mund, um zu schauen, ob der Spiegel beschlagen würde. Aber da war nichts mehr.

Am nächsten Tag kam dann auch mein Sohn und die Kinder haben mich sehr unterstützt. Und wie immer habe ich alles organisiert, die Beerdigung, die Reden, das Essen danach. Ich habe dafür gesorgt, dass er in sein geliebtes Falkenstein überführt und dort beigesetzt wurde – an der Seite seines Vaters.

Als wir am Vorabend der Beerdigung in einem Lokal um den Tisch saßen und alle Kinder und Enkelkinder ganz traurig schauten, sagte ich: »Kinder, wir brauchen einen Schnaps.« Da brachte der Ober einen großartigen Schnaps, den wir Opa-Schnaps getauft haben. Meine Mitbewohner im Heim haben diesen Schnaps dann auch immer wieder bestellt. Ich vermisste meinen Erich so sehr und habe ein langes Jahr getrauert und eigentlich hört man ja nie auf zu trauern.

Doch dann fasste ich Mut. Ich hängte eine neue Eule an meine Tür, die auf ihren Füßchen »Willkommen« stehen hatte, und begann zum ersten

Mal, wirklich nur an mich zu denken. Ich genoss die Reisen, die ich noch mit meiner Tochter machen durfte, sowie die Reisen, die durch das Wohnstift veranstaltet wurden. Und ab und zu besuchte ich meinen Sohn in der Pfalz, zunächst noch mit dem Zug, aber das ging dann nicht mehr.

Das Leben war es weiterhin wert, gelebt zu werden. Ich ging wieder Skatspielen, eine Freude, die ich in den letzten Jahren wegen Erichs Zustand aufgegeben hatte. Und ich habe oft gewonnen. Ich trat in den Betriebsrat des Seniorenstifts ein und engagierte mich als Sekretärin. Lustigerweise schloss sich hier ein Kreis. Das ist ja genauso wie in alten Zeiten, dachte ich, als ich mein erstes Protokoll ablieferte. Natürlich auf einem Computer geschrieben!

Ich hatte mir eine Lehrerin organisiert, die mir beibrachte, auf dem Computer zu schreiben und digital ein wenig durchzublicken. Meine Enkel waren ganz schön stolz auf ihre Oma, als ich ihnen die erste WhatsApp-Nachricht schrieb. Und ich bekam von meiner Lehrerin ein Zertifikat, auf dem stand: »Zertifikat über eine Computer-Grundausbildung für Ruth Menzel«.

Und sie sagte: »Sie sind meine älteste und neugierigste Schülerin.«

Meine Liebe zu Büchern, die mich immer begleitet hatte, konnte ich durch mein Angebot, die Bibliothek im Seniorenstift zu betreuen, wiederbeleben. Wie herrlich es war, die verschiedenen Bände in Reih und Glied zu stellen, neuere Literatur einzusortieren und natürlich auch selbst zu lesen. Eine kleine Augen-OP nahm mir den störenden grauen

Star und durch die neuen Linsen konnte ich wieder besser alles erkennen.

Ich fühlte mich sehr wohl in dem Seniorenstift. Kleine Kaffeerunden und Einladungen im Haus erfreuten mich. Ich glaube, ich konnte manchem auch gut so helfen, indem ich zuhörte und kleine Ratschläge gab, die mir die Erfahrung des Lebens mitgegeben hatte.

So ging ich auf die neunzig Jahre zu. Mein Sohn hatte sich etwas Besonderes ausgedacht. Er feierte einen Tag zuvor seine Hochzeit mit seiner zweiten Frau, um dann gleich in meinen Geburtstag hineinfeiern zu können. So war es möglich, dass alle Enkel und meine beiden Kinder mit ihren Partnern in der Früh des 6. April mir gratulieren konnten.

Und das Tollste: Meine Tochter hat die Memoiren von Erich und mir in Form gebracht und binden lassen, das Dokument unseres Lebens einschließlich unserer Kriegserlebnisse. Wie sehr habe ich mich über den Anblick meiner Enkelkinder gefreut, die über diese Memoiren hergefallen sind wie über einen Krimi.

Anschließend feierte ich noch im Seniorenheim mit meinen Freunden. Meine Tochter und ihre Familie waren auch dabei. Es war ein sehr schöner und lustiger Nachmittag. Ich trug einen orangefarbenen Hosenanzug und heimste viele Komplimente ein. Sogar ein wunderbarer Artikel über mich und mein Leben erschien in der Zeitung.

Am Abend, als wir nach der Feier wieder in meinem Appartement waren, schaute ich in die müden Augen meiner Kinder und fragte: »Und was unternehmen wir jetzt noch?« Ich war einfach richtig gut drauf, wie man heute sagt.

Und ich war immer noch neugierig. So hat eine meiner Enkelinnen eine Frau geheiratet. Erich reagierte damals ablehnend und auch ich war immer sehr skeptisch gegenüber gleichgeschlechtlichen Verbindungen gewesen. Doch jetzt:

»Da gehen wir hin. Das will ich mir anschauen!«. Wir erlebten eine wunderschöne Hochzeit und die beiden Frauen erhielten in der Kirche sogar den Segen eines Pfarrers.

Ich hoffte, meinen 95. Geburtstag erleben zu können. Darauf arbeitete ich hin. Es ist mir auch gelungen. Doch ich war sehr unsicher und froh, dass meine Tochter bei mir war. Mit ihr ist es mir seit dem Tod meines Mannes vergönnt, engen Kontakt zu haben – wir können alles bereden, Gespräche führen, Dinge noch besprechen, die uns auf der Seele brennen.

Nach einigen Krankenhausaufenthalten war ich nicht mehr ganz so fit. Also gab ich anlässlich meines Geburtstags einen kleinen Empfang im Wohnstift und freute mich über den Besuch des Bürgermeisters und des Landrats. Und am Nachmittag feierten wir ein Familienfest, das ich unendlich genoss. Es war ein Abschluss, wie ich ihn mir gewünscht hatte.

Meine Tochter erzählte noch was von: »Mami, du wirst hundert Jahre alt«, aber da hörte ich gar nicht mehr richtig zu. Ich denke, dass alles vorherbestimmt ist und dass man aus allem das Beste machen muss. Der Herrgott weiß, wann wir zu gehen haben. Sich zu fürchten, verdirbt nur den Moment.

So bin ich positiv gestimmt und vergebe so manchem seine Schwächen, auch wenn sie mich treffen.

Ich wurde im Seniorenheim gefragt, wie ich mich charakterisieren würde. »Ich bin eisern«, kam es wie aus der Pistole geschossen, hatte ich doch ein zeitweise schweres Leben gemeistert.

Insgesamt bin ich sehr dankbar für mein Leben, dass ich nach einer schwierigen Jugendzeit ein großes Glück gefunden und eine Familie bekommen habe, die mich auch sehr glücklich gemacht hat. Ich durfte viel reisen, meine Neugierde befriedigen, Verantwortung übernehmen und mich weiterentwickeln, vielleicht nicht so ganz, wie ich es mir immer gewünscht habe.

Zum Schluss bin ich wieder in die evangelische Kirche eingetreten, weil ich ein gläubiger Mensch bin, geprägt von Anfang an. Ich wollte auch sichergehen, dass ich neben meinem Erich begraben werden würde, von einem evangelischen Pfarrer ausgesegnet. Erich war seinerzeit ausgetreten, weil die evangelische Kirche ein Projekt bekämpft hatte, dass er mit seinen Leuten aufgebaut hatte.

Ganz am Ende meines Lebens habe ich sogar noch ein Urenkelchen miterleben dürfen, den zweiten Urenkel habe ich leider nicht mehr bewusst mitbekommen. Aber es ist, wie es ist: Im Leben ist irgendwann Schluss.

Nachwort – eine Hommage an meine Mutter

Ruth war eine Kämpferin und eine unerschütterliche Optimistin. »Das vergeht schon wieder«, sagte sie, wenn ihr etwas wehtat. »Das hat er oder sie nicht so gemeint«, wenn jemand ihr wehgetan hatte. Immer suchte sie das Gute in den Menschen, verzieh unerschütterlich. Mir gab sie so manchen guten Rat, tröstete mich in vielen Situationen.

Sie war eine Frau ihrer Zeit. Dem Mann wurde gefolgt, gehorcht, man gab nach, Streit war selten. Auch hier hat sie viel verziehen. Immer war sie einen Schritt hinter ihrem Mann, seine waren die offiziellen Memoiren. Erst er, dann sie. Dabei war ihre Geschichte mindestens so spannend wie seine.

Als ich ihr das Buch »Die Kunst, ein Egoist zu sein« schenkte, gab sie es mir entrüstet zurück und sagte: »Was soll ich damit?« Ich hatte es ihr gegeben, um ihr zu sagen: Denk doch mal ein bisschen an dich.

Meine Mami starb mit 95 Jahren. Sie war wackelig geworden und hustete stark. Die Medizinerin Ruth sagte: »Das ist ein Herzhusten. Das weiß ich.« Ich glaube, sie hat genau gewusst, wie es um sie stand. Sie erreichte ihren 95. Geburtstag. Ich hatte meinen Bruder und alle Enkel aktiviert und gesagt: »Wehe, wenn einer nicht kommt.« Und sie waren alle da und gratulierten ihrer Oma. Sogar zur Uroma wurde sie noch zweimal gemacht.

Am Vormittag lud sie – wie sie es immer gemacht hatte – ihre Freunde und Bekannten zum Sektempfang ein. Sie war stolz darauf, dass der Landrat und der Bürgermeister sogar gekommen waren und dass sie einen Brief des Ministerpräsidenten in der Hand hielt. Am Nachmittag hat sie dann mit ihrer Familie gefeiert.

Um 21 Uhr stand sie auf und meinte: »Vielen Dank für alles. Ich habe das sehr genossen. Jetzt aber verabschiede ich mich.« Ich brachte sie in ihr Zimmer hinauf, sie war müde. In den nächsten Tagen ging es bergab, aber ihr eiserner Wille blieb noch bis August – auch wenn ich der Meinung war, dass sie von allem Leiden am Ende nicht mehr viel mitbekommen hat. Am 9. August 2018 ist sie abends dann friedlich eingeschlafen.

Und ihre Beerdigung hatte sie selbst generalstabsmäßig geplant: erst Aussegnung aus dem Appartement, dann Trauerfeier in Roth für ihre Freunde und schließlich wurde sie nach Falkenstein überführt, wo sie neben ihrem geliebten Erich und ihrem Schwiegervater die letzte Ruhe fand. Ich konnte ihr noch alle diese Wünsche erfüllen.

Nach der Trauerfeier in Roth schauten mich ihre Freunde aus dem Seniorenheim an und fragten mich traurig: »Karin, hast du einen Schnaps?« Da holte ich den Opa-Schnaps – es gab es noch einige Flaschen in ihrem Appartement – und wir tranken auf sie und tauften den Schnaps ab sofort »Oma-Opa-Schnaps«.

Sie hat so manche Wahrheiten aus der Familie nicht mehr hören und erfahren müssen. Sie ist friedlich eingeschlafen, ich war die Letzte, zusammen mit meinem Sohn, die bei ihr waren. Sie hat ein großartiges Leben geführt, sie war uns Vorbild und Inspiration. Sie hat so viel für uns getan – ich werde sie immer vermissen.

Dankbar sind wir ihr für ihre Memoiren. Auch meinem Vater, sind sie doch Zeitzeugen einer wahrhaft schrecklichen Zeit des Krieges.

Dafür erlebten sie aber einen zweiten Frühling, eine Bergfahrt ohnegleichen – das Wirtschaftswunder –, und sie wurden vermögend und reisten gemeinsam durch die Welt. Viele Fotoalben geben Zeugnis von ihren Erlebnissen.

Dann spreche ich mit ihrem Bild, das auf dem Schreibtisch meines Vaters steht, und erzähle ihr, was sich so tut, frage sie um Rat und erzähle ihr, was mich bedrückt. Wer hat schon so ein Glück …

Im Rosenheimer Verlagshaus bereits erschienen

Sie hat auf ihn gewartet
304 Seiten
ISBN 978-3-475-54921-2

Kriegsjahre, Schicksalsjahre - während ihre Männer Tausende Kilometer entfernt kämpfen müssen oder in Gefangenschaft ausharren, trotzen die sieben Frauen in diesem Buch den schlimmsten Umständen und warten auf die Heimkehr ihrer Liebsten. Auf dramatischer Flucht auf sich allein gestellt, konfrontiert mit Tod und Verwundung, plötzlich verwitwet oder auf wundersame Weise wieder vereint: Was Verlobte, Ehefrauen, Schwestern, Töchter und Mütter damals erlebt haben, berührt tief die Seele und zeigt: Die Liebe siegt, selbst über den Tod hinaus.

Meine Berliner Jugend
304 Seiten
ISBN 978-3-475-54902-1

Im Arbeitermilieu im Berlin der 50er Jahre lebt die Jugendliche Helene mit ihrer kranken Mutter und ihren drei jüngeren Schwestern in prekären Verhältnissen. Hunger und Not sind an der Tagesordnung. Hannes, ihr Freund, ist ihr Lichtblick. Doch sie muss viel zu früh viel zu viel Verantwortung übernehmen: Helene muss die Schule abbrechen und eine Lehre im Obst- und Gemüsehandel beginnen. Als die Mutter einen französischen Koch kennenlernt, der die ganze Familie nach Frankreich mitnehmen will, wird die Beziehung zwischen den beiden auf die Probe gestellt: Werden sich Helene und Hannes jemals wiedersehen?